キャリア・プランニング

大学初年次からのキャリアワークブック

(ワーク課題つき)

石上浩美・中島由佳 編著
Hiromi Ishigami & Yuka Nakajima

ナカニシヤ出版

まえがき

　中教審（2012）「新たな未来を築くための大学教育の質的転換に向けて—生涯学び続け，主体的に考える力を育成する大学へ」によると，「主体的な学修の確立は当該学生にとっても社会にとっても必須」であり，「主体的な学修の仕方を身に付けさせ，それを促す方向で教育内容と方法の改善を行う」ことが，大学教育に求められている。

　このような大学教育に対する社会的な要請をふまえて，各大学では，入学前の段階から入学直後のオリエンテーション，初年次導入教育カリキュラムにおいて，それぞれのカリキュラム・ポリシーに基づいた，さまざまな工夫がなされている。では，大学での学びと社会は，どのように結びつくことができるのか，そのためには，大学で学ぶべきことは何か。このようなことを考えながら，各大学では日々試行錯誤を積み重ねているのではないだろうか。

　そこで，本書では，実際に初年次教育などを担当する大学教員らの声を集約する形で，大学での学修・研究を進めるために必要とされる基礎的なリテラシーやアカデミック・スキルズの習得を目的とした，実用的なテキストの策定を試みた。これらは，かつては個々人が独学で修得していたものであったのかもしれない。だが，大学教育の目的やカリキュラムそのものが，より実用性を重視するものへと変化しつつあることと，多種多様な目的とニーズをもって入学してくる学生に対応するためには，大学初年次教育カリキュラムにおいてもこれらを位置づけ，取り扱う必要があるだろう。

　本書は，大学初年次からそれ以降の大学の学びにおける必修科目（基礎演習・キャリアデザインなどの名称で開講）のテキスト・参考書として使用されることを想定して企画した。

　第1章では，大学で学ぶ意義について述べ，第2・3章では，大学生活への適応とその準備のために必要なことをまとめた。第4章から第7章では，クリティカルな読みと思考，文献・資料の収集と活用方法および学術研究上の倫理，学術的な問いのたて方，学術レポートや論文の書き方といった，アカデミック・スキルズについてまとめた。第8章から第10章では，学習上の協同手法や討議手法，表現方法についてまとめた。第11章ではキャリアについて考えること，第12章では，アカデミック・スキルズの評価方法とその意義についてまとめた。各章は，それぞれのテーマに沿った基礎的な知識や考え方と，それらを理解し，自分に引き寄せて定着を図るためのまとめの課題，およびコラムで構成している。本書を通して，学生一人ひとりが，自分の大学における学

修やキャリアについて深く考え，より能動的に学びを構築することを期待している。

2016 年 3 月

編著者

石上浩美

中島由佳

目　次

Chapter 01　大学で学ぶとは ―――――――――――― 1
01-01　大学はどういうところか　*1*
01-02　大学で何を学ぶか　*3*
01-03　キャリア・プランニングの目指すもの　*5*

Chapter 02　大学生活への適応 ―――――――――――― 9
02-01　入学前オリエンテーション　*9*
02-02　新入生対象ガイダンス　*11*
02-03　友人関係と対人コミュニケーション　*13*
　　　まとめの課題　*18*

Chapter 03　大学で学ぶための準備 ―――――――――――― 21
03-01　はじめに　*21*
03-02　履修と履修要項　*22*
03-03　大学の授業とは　*24*
03-04　ノートテイキング　*27*
　　　まとめの課題　*31*

Chapter 04　読むこと・考えること ―――――――――――― 33
04-01　クリティカル・リーディング　*33*
04-02　クリティカル・シンキング　*36*
　　　まとめの課題　*41*

Chapter 05　文献・資料を使うこと ―――――――――――― 43
05-01　文献・資料の種類　*43*
05-02　文献・資料の検索と入手　*45*
05-03　文献・資料を利用する上でのルール　*48*
　　　まとめの課題　*51*

Chapter 06　課題を見つける ─────────── 53

- 06-01　問いを立てる　53
- 06-02　問いを育てる：仮説を立てる　55
- 06-03　自分の研究テーマや課題をみつける　58
- 06-04　大学生活を仮説検証の場にしよう　61
- まとめの課題　62

Chapter 07　論文・レポートを書くこと ─────────── 65

- 07-01　感想文・論文・レポートの違い　65
- 07-02　アカデミック・ライティングのための準備　66
- 07-03　論文・レポートの執筆と推敲　68
- 07-04　論文・レポートの発表　72
- まとめの課題　74

Chapter 08　協同すること ─────────── 77

- 08-01　はじめに　77
- 08-02　アクティブ・ラーニングとは何か　77
- 08-03　アクティブ・ラーニングが求められるのはなぜか　79
- 08-04　アクティブ・ラーニングをどう学ぶか　81
- 08-05　ピア・サポートは「仲間との支えあい」　84
- 08-06　三つの態度　85
- 08-07　いつでも始められる　86
- まとめの課題　88

Chapter 09　聴くこと ─────────── 91

- 09-01　聞くこと・聴くこと・訊くこと　91
- 09-02　インタビューを行うこと　92
- 09-03　インタビューで守るべき約束事　97
- 09-04　インタビューによって明らかにできること　98
- まとめの課題　101

Chapter 10　表現すること ——————————— 103

- 10-01　プレゼンテーションとは何か　103
- 10-02　プレゼンテーションの準備：スライドをつくる　105
- 10-03　プレゼンテーションの実施　108
- 10-04　プレゼンテーションの省察　110
- **まとめの課題**　113

Chapter 11　キャリア・デザインの大切さとその方法 ——————— 117

- 11-01　キャリアとは何か　117
- 11-02　キャリアをデザインする意味　119
- 11-03　キャリアをデザインするための方法　121
- 11-04　偶然性を活かしたキャリア　124
- **まとめの課題**　126

Chapter 12　アカデミック・スキルズと教育評価 ——————— 129

- 12-01　大学教育と評価　129
- 12-02　教育評価の分類　129
- 12-03　評価方法による分類　131
- 12-04　評価者による分類　132
- 12-05　評価時期による分類　133
- 12-06　新しい評価方法　134
- **まとめの課題**　138

あとがき　141

コラム

- コラム①　大学に適応しよう　20
- コラム②　「聞く」ことの重要性　42
- コラム③　目の前のことを淡々と粛々と　64
- コラム④　『君たちはどう生きるか』　76
- コラム⑤　これから求められるT型人材とは　115
- コラム⑥　大学で学ぶ歴史学　140

01 大学で学ぶとは

柏木隆雄

01-01　大学はどういうところか

　夏目漱石の『三四郎』では，熊本の高等学校（旧制）を出て東京の大学生になった三四郎が，初めて本郷にある大学の敷地内の建物を一通り見終わった感慨がこう書かれている（以下の引用は，読みやすいように表記を変えた）。

> 三四郎は見渡す限り見渡して，このほかにもまだ眼に入らない建物が沢山あることを勘定に入れて，どことなく雄大な感じを起こした。「学問の府はこうなくってはならない。こういう構えがあればこそ研究もできる。えらいものだ」三四郎は大学者になった様な心持ちがした。

　ここには明治中期の日本における「大学」というもののイメージがよく表れていると思われる。都会の中の一等地に広い敷地を有して立派な建物が厳然とあって，優れた学者が中に立てこもって研究している。その先生に教わって識見を得，社会に役立つ人間として巣立っていく。これは必ずしも明治の昔に限らず，100年以上経った今でも，実は一般的にまだ続いている「大学」に対するイメージではないだろうか。

　しかし実際に目にする大学生や大学の教授という人々が，果たしてこのイメージに合った形で存在しているかというと，必ずしもそうでない。というより，それとは逆に，大学は遊ぶところ，学生は勉強せずにクラブ活動やアルバイトに精出し，教員は呑気そうにテレビで馬鹿なことをしゃべったり，ジーパン姿で研究室と教場を往復する。あまり書物を読んで学問などしていそうにない。しかもそれがかえって「先生らしくなくて，なじめる」などと思われたりもする（そのことは本来は謹厳で立派であるのが大学の教員である，という思い込みの裏返しでもあるし，テレビなどの講義で，まじめな先生の授業が，かえって人気のないことにも逆説的につながる）。

つまり『三四郎』に書いてあるイメージを大学に求めながら，それは「表向き」のことであって，実際の大学というものは，なにか実世界とは関わりがあるようで関わりのない遊び場，それも時代と人とに取り残されて，寂れて荒れた「遊園地」みたいなものと思い込まれているフシがある。かといって，確かにノーベル賞を受賞したり，その候補になったり，といった人は大学の教授がほとんどである。ではやっぱり「大学」は「学問の府」なのだ……。

　皆さんは大学に入ろうと思った時，大学をどういうところと意識していただろうか？　また入ってからの大学は，自分のイメージのままだっただろうか。それとも違っただろうか。

　大学は高等学校とは違う。そこでは自由にものが考えられ，勉強するにしても授業科目が学習指導要領によって定められている中学，高校とは異なって，学生の自主性が尊重される。そして何よりも自分が将来就きたい職業に必要な専門知識を，学殖ある教授から授けて貰う。それが高校時代先生方から聞かされていた大学のイメージであり，そのためにこそ大学進学の意義があると聞かされたのではないだろうか。

　確かに大学は何よりも多様性を認める精神が根底にあり，教員，職員，学生それぞれの立場，それぞれのありようにおいて自らを律し，その意味で対等の人格を最大限尊重しあう場である。したがって大学というところは小，中，高の環境とも違い，卒業して経験する組織社会のありようとは異なる，きわめて特別な場，ある意味ではきわめて特権的な場といってよい。大学について先に述べた「表裏」のあるイメージは，実はそこから発している，と考えてもよいかもしれない。

　しかし同世代人口で大学進学をしたものが1%にも満たなかった明治期から大正，昭和初期と10%程度，戦後になっても昭和30年代（1955年–65年）までにやっと20%前後に達した頃の大学教育は，依然として三四郎が抱いたイメージを踏んだものであった。私はその最後の世代であろうかと思う。教授といえば厳然と構えていて，世俗のことなどまったく無関心であるかのごとく振る舞われた。またそのような先生が尊敬された。私の恩師などは，大学へ出勤される途中の道で，ふと立ち止まり，それからずっと立ち止まったままで考え込まれる。後ろから来た私たち学生は，先生を追い越すのもはばかられ，先生が歩き出されるのをずっと待っていた，という経験がある（その先生は仏文学者でありがなら，パスカルの数学論文の研究で世界的な業績をあげられた方である）。そして，その先生を学生食堂で学生がみつけるだけで，「先生が，学生食堂できつねうどんを食べられていた！」と教室に駆け込んでくるほどの大事件となるのだった。

　幸いなことに，戦後の高度成長政策が実を結ぶとともに，大学で学ぶ若者の数も右肩あがりで伸長し，日本における大学進学率は，今や50%を超えるようになった。同世代の二人に一人は大学生ということになったわけである。そして同時に大学教員の数も以前とは比較にならぬくらい多くなり，それは全体としての日本の教育，研究の質を上げることにも貢献している。

　しかし同時に，そのことは大学のありようを大きく変えることにもなった。いわゆる大学

の大衆化である。従来の大学観からは背馳するかもしれないが，多くの人が高等教育の恩恵を受けることは大いに歓迎すべき事柄であろう。大学が限られた人々のエリート意識，特権意識を涵養するだけの組織となるのは，あまり望ましいことではないからだ。もともと大学はそのヨーロッパでの発祥，発展の歴史からすれば，教会権力，国家権力の知識の独占に対する世俗の人々の知への憧れ，知への欲求から生まれたものだった。

　知と精神の自由の獲得は私たちにとってきわめて重要なことである。しかし知識を獲得し，それを活かすためには，方法が必要であり，明確な手順が不可欠となる。大学のカリキュラムはその方法の確立と実現しやすい手順を創出するために，綿密に練られなければならない。まして限られたエリートたちを相手にしてのものでなく，多くの学生たちに広く，かつ深く知識が浸透するための工夫も必要だ。そして学生もまたそうした学びを有効にするために，自らの勉学意識，目的意識を明確なものにし，常にそれを顧みて，折々に修正を自ら施すことができるように注意を払わなければならない。大学の教員，さらに職員は，そうした学生の意識の醸成と，その進路への適切なアドヴァイスを心がける必要があるだろう。

01-02　大学で何を学ぶか

　では大学での学びはどのようにするのか。あるいはどのようなことが学べるのか。戦前，さらに戦後のしばらく，いわゆる文法経理医工と学部が大別されて，それなりに機能していたのと異なり，現代は多様な学問の発達を受けて，数十年前には思い及ばぬような学問分野がたくさんできて，学部名もそれだけ聞いたのでは何を勉強するものやら察しがつかぬ，というものまで現れてきた。それらはいずれも社会の要求するところから自ずと立ち上がってきたものであり，旧来の学問ジャンルの分類が，その役割を果たさなくなっていることは事実である。

　しかし学問の体系や学ぶべき分野が多様化するにせよ，それらは基本の土台の上に成り立って発展，成熟してきたものだから，その基本の土台というものをしっかりと認識し，共通のものとして把握，理解し，さらにそれを咀嚼して運用していかねばならない。

　かつては大学の教養課程がその役割を果たすとされていた。私たちの学生時代には二年間の教養部教育があって，文系は語学を第一外国語，第二外国語とみっちりと叩き込まれ，また「○○学基礎」「○○概論」の講義などで，学問のおおよそを知り，三年生から専門の学部に進んで，これはいわゆる教授，助教授（現在は准教授と呼ばれる）の専門と称する，きわめて狭い領域の，それこそ「専門的に」細かく講じられる事柄を，ひたすらノートを取って写し取ったものである。それで社会に出て行くに十分な学問的素地を形成し得たのかどうか。自信のある答えを出せる人は，実は当時も少なかっただろうと思う。

　じっさい，本来学問の土台となる基礎的な知識を幅広く学ぶとされた教養課程の２年間を，

私自身の経験から振り返ってみると，初級，中級を学んだ語学の授業はともかく，文系，理系ともに，担当する教授のきわめて専門的な講義が多かったように思う。大学はこういう風に専門的で，ごく限られた分野を徹底的に考えるものだ，ということを最初驚きとともに感激して聴いたものもあるが，あまりに微細にわたる，狭い分野にとどまる授業に，基本的な知識を得ることができたと自信をもって答えることはできない。

　その反省が，数十年前に全国的に行われた教養部の解体として現れたのだろうが，それでことが解決したわけではない。基礎的知識から専門的知識の獲得への階梯は，人が思うほどには容易ではないからだ。そして「大学」というと，依然として前時代の大仰なイメージが災いして，普通のレヴェルの学生が，専門に学ぶべき科目，専門として深めるべき知識に接するには，本当に基本的な「読み，書き」の能力と，それを「発信」する表現力を鍛えなければならず，そのために必要な基本的な文献の探索や，抄出の技量を培わなければならないことに，教員も，また学生も思い及ばないことが多いからである。

　いま「読み，書き」といったが，これは昔でいう「読み書きそろばん」の語の意味するところと，実はそれほど変わりがない。じっさい「読める」と思っている人がどれだけ「読めない」か。「書ける」と過信している人がいかに思うことの何分の一かしか書けないか。ましてその書いたものが，正確であるか，人に納得させる内容と情熱をもっているか，を問えば，はなはだ心もとないことが多い。まず漢字が読めない。古文が怪しい。パソコンに頼るから難しい漢字はワン・タッチであっという間に出てくるが，それが文章の中に正しい位置，正しい意味で収まっているかというと，まことに心細い。

　グローバル化と称せられて長い時間が経っているが，英語を話すことは多少できるようになっても，「読むこと」「書くこと」は，果たしてできているのだろうか。また話すにしても，「グッド・モーニング」や「ハワユー」は，ネイティヴも舌を巻くほど達者だけれど，さてそれから段々に会話の正味の中身に入ると，目を白黒して「イエス，イエス」と言うばかり，というようなことはないだろうか。外国語で話す場合，話が込み入って来なくても，否定文で言うことは，意味内容も含めてなかなか難しく，「イエス」と答えてすましていると相手もそれ以上踏み込んで来ず，いつのまにやら自分が不利な立場に立っていることもあまり自覚せず，ネィティヴと流暢に話しているげに見えることで満足している，ということもある。

　江戸時代以来続く漢文の「素読」の習慣が，幕末，明治の俊才たちの英語力の育成に大きな役割を果たしたという。つまりは国語力が外国語の習得に大きな意味をもつことは，長年フランス語，フランス文学の教育と実践に携わってきた私自身の実感するところだ。そのことは外国語のみならず，学問のあらゆる分野に共通する基礎力であり，また社会に出てからでも，結局は国語力の有無が，成敗の結果を左右する，小さくはみえるけれども，実は大きな要因ともなるのである。

　ここで「国語力」というのは，いわゆる受験勉強でいう「国語」の試験解答の能力をいうのではない。そういう能力は，真の意味での「国語力」を身につければ，自ずから備わるも

のであり，それで解けない入試問題は悪問でしかない。

　ではその「国語力」はどうつけるか。それはとにかく読書によるしかない。現在は電子書籍があって簡単に操作でき，一台の軽便な機械で何千冊も取り出すことができる。しかしそのうちの何冊を「読む」ことができるだろう。「古い！」と言われるかもしれないが，読書は一冊の書籍から始めることをお勧めする。文庫でも新書でもいい。なるべく定評のある出版社から出ているものを選んで手に取るようにしてほしい。

　20歳になるかならないかの頃，私は岩波新書を買い集め，百科事典をそろえる代わりに岩波新書を並べることで，「自分の百科事典」を書架に作り上げようとした。百科事典の項目の説明はいくら重要なものでも，一冊の新書の内容よりは乏しくならざるを得ない。文学，経済，社会，理学，工学の諸分野の専門家が高校生以上の学力をもった一般層を対象にした内容は，読みやすくてしかも参考書も挙げられていて，以後の読書の指針ともなる。実際新書の編集者たちは敏腕な能才が多く，そういう意図をしっかりと著者に伝えて執筆させているのである。私の若い頃に比べれば新書，文庫の種類もはるかに多くなり，そのレベルも高低さまざまではあるが，読書に慣れてくれば，どの本が程度が高く，どの本が低いかは，数頁読んだだけで自ずから見えてくるから，書店の立ち読みでも選書は十分にできる。

　しかし，読書はそのようにして自分の意志と能力で続けていくことができるが，果たしてその読書で得たものが，自分の中でどのように咀嚼されているか，内容の把握が正確かどうか，時にはそれを人に聞いてもらって確かめたいと思うのではないだろうか。読書ノートは，読後の感想を記すのに有効だが，ある意味では日記代わりにもなって，例えばレポートの課題を提出する際にとても役立つ。本を買ったり，図書館から借り出したりした日付を記し，著者，題名，出版社，出版の日付などを記したりするのが重なると，その記述をすること自体が楽しみとなって，そのノートが何冊も積み重なるようになると，それはまことに貴重な知的資料となり，また自分史ともなり，世の中の動きさえその背後から見えてくることになる。

　しかしそれでも自分の知識や見解が十分に正確であるかどうか，また他の人たちは同じ事象をどのように理解し，解決しているのかに思いいたすことも自己の成長にきわめて必要なことである。そこに大学の教場での学びの意味の一つがあるのだ。

01-03　キャリア・プランニングの目指すもの

　大学での基本的な学びと大学での専門的勉学のつながり，さらにその上に打ち立てられる社会人としての確立の重要性は上に述べた通りだが，そのことに関連して，今日の大学において近年盛んに論じられるようになったのが，「キャリア・デザイン」という言葉であり，ここでは「キャリア・プランニング」という言葉である。

キャリア・デザインという言葉は英単語が使われているが，これはいわゆる「和製英語」で，キャリア・プランニングという言葉も同様であろう。英語のキャリア（career）はもともとラテン語のcarrus（荷車）から来て，その車の通る道筋も中世には表すようになる。さらにそこから「人生の道筋」に敷衍されて生涯の履歴，生活手段，専門的職業，さらには荷車に積む荷の重要さから，その職業での成功，出世まで意味するようになった。デザインという語は，うるさくいえばラテン語のdesignare「下に印をつける」という動詞から，下地を描く，さらには設計するという意味に発展して，意匠の設計，目的に対する（明確な）計画という意味で現在は使われることになる。

　「デザイン」の語が，もくろみ，企図という意味とすると，「プランニング」は，もともとその語源とされるフランス語のplanter（植物を植える）から，計画を立てて植えるとなり，その平面的な俯瞰をもいうことになった。またラテン語のplanus（平らな）からとする語源説もあって，いわばそれらが複合した形で，計画する，平面図をつくるという意味になったわけで，「デザイン」がおおまかな，概念的な設計を示すとするなら，プランニングは，それよりもいっそう具体的で，段階をおっての順序を考えるような印象がある。

　「キャリア」「デザイン」あるいは「プランニング」という言葉が日本流につなぎ合わされて「キャリア・デザイン」「キャリア・プランニング」という「和製英語」になったわけだが，それだけに日本人にとっては，ある意味，きわめて理解しやすい言葉として定着したのだろう。じっさい多くの大学でこの用語が頻繁に使用され，学部名にその名称を使う大学も出てきている。つまり自分の人生（キャリア）について大まかなデザインを描く，あるいは精細なプランニングをする。そのための方策を大学教育の基本的な精神の中に取り入れ，具体的なカリキュラムを作成する。

　この「カリキュラム」という語も，実はラテン語のcurriculum，疾走すること，競争することを語源として，その人の走った軌跡をも含まれた，その履歴の意となる。履歴書を英語やフランス語でC.V.というのもcurriculum vitaeの略で，文字通り「人生の軌跡」の意である。先に述べた「キャリア」とその成り立ちが似ているが，双方の違いは「キャリア」がたどった道筋での仕事のありようが動的であるのに対して，「カリキュラム」は走ったあとの軌跡という点で静的である。「キャリア」をプランニングするために，どのような道筋をたどるかの経緯をくわしく記すのが「カリキュラム」，というわけだ。

　その具体的な説明や，やり方については，これからこの本をじっくり読んで，実際の教室において実践していただければ理解されると思うが，一番大事なことは，自らの学びにどのような目的を設定するか，ということだろう。デザインにしてもプランにしても，ある到達目標があって，はじめて成立するものである。そしてその学びの目標は，人それぞれに異なるものであり，また異なるものでなければならないだろう。人はそれぞれ個性をもっており，それぞれの意志がある。もちろんそれらは，生まれてからの環境やそうした個性や意志を育んだ自身の学びの軌跡や周囲の感化ということもある。それらを十分に自覚した上で，自ら

を鼓舞することのできる目標を設定していただきたいと思う。

　最近日本の文部科学大臣の名によって大学に通達された文言に，人文学をいささか軽視したかのような個所があって物議を醸した。後に説明が言葉足らずになったと弁解があったようではあるが，大学の学問が実効性を欠く点を懸念して，直接，直近の効能を求める風があるのは，必ずしもわが文科省のみならず，世間一般にあるようである。私はそういう学問の実用性の大事を説く論を耳にし，眼にするたびに，江戸末期の儒者であり，医者であった人物の犀利な伝記『渋江抽斎』の一節を思い出さずにはいられない。

　古い文献を徹底的に蒐集し，沢山の版本や写本を校勘して正しいテクストを世に残すことに努力した，世に埋もれたままでいたその学者の軌跡を追った文章の中に，官吏であり，軍医であり，文学者である著者の鴎外は，こう記している（以下の引用文中の表記は読みやすいように改めた）。

> 　学問はこれを身に体し，これをことに措いて，始めて用をなすものである。しからざるものは死学問である。これは世間普通の見解である。しかし学芸を研鑽して造詣の深きを致さんとするものは，必ずしも直ちにこれを身に体せようとはしない。必ずしもただちにこれを事に措こうとはしない。そのこつこつとして年を閲する間には心頭しばらく用と無用とを度外に置いている。大いなる功績はこの如くにして始めてかち得られるものである。（その四十五）

　世に高くもてはやされるノーベル賞のたぐいも，実は有用を志して勉学した結果のみとは到底いいがたい。むしろひたすら時間をかけて，自分の学問の目標に専心した結果が，世に有用なものとして認められた，ということが受賞者の謙虚な言葉の中から浮かび上がってくるはずだ。

　しかし，私たちはそういう立派な，人並み外れた仕事のできる人間でなく，ただ平凡な市民としてのキャリアしか望めないし，また望むものではない，という人もいるかも知れない。あるいは皆さんもそう思いかねない一人かも知れない。しかし私はそういう方々に，もう一つ，森鴎外の著作から次の文章を読んでいただきたいと思う。それは幕末，日向の田舎儒者から江戸幕府お抱えの儒者に出世した安井息軒の夫人について書かれた『安井夫人』の一節である。安井夫人お佐代さんは，貧乏で醜男の儒者に若くして嫁いだ美人の妻であるが，夫のいわゆる出世の目の前にして若くして亡くなってしまう（以下の引用文中の表記は読みやすいように改めている）。

> お佐代さんは夫に仕えて労苦を辞せなかった。そしてその報酬には何物も要求しなかった。(略)立派な邸宅に居りたいとも言わず，結構な調度を使いたいとも言わず，旨い物を食べたがりも，面白い物を見たがりもしなかった。
>
> お佐代さんが奢侈を解せぬほど愚かであったとは，誰も信ずることができない。精神的にも，何物をも希求せぬほど恬淡であったとは，誰も信ずることができない。(略)
>
> お佐代さんは何を望んだか，世間の賢い人は夫の栄達を望んだのだと言ってしまうだろう。これを書く私もそれを否定することはできない。しかしもし商人が資本を卸し財利をはかるように，お佐代さんが労苦と忍耐を夫に提供して，まだ報酬を得ぬうちに亡くなったというなら，私は不敏にしてそれに同意することはできない。
>
> お佐代さんは必ずや未来に何物かを望んでいただろう。そして瞑目するまで，美しい目の視線は遠い，遠い所に注がれていて，あるいは自分の死を不幸だと感ずる余裕をも有せなかったのではあるまいか。その望みの対象をば，あるいは何物ともしかと弁識していなかったんではあるまいか。

　私はこの一節がことのほか大好きである。読み返すたびになにか目頭が熱くなる。そしてお佐代さんの「遠い，遠い所に注がれている」視線にそって，遠い所を見据えたくなる。あるいは学問の要諦は，このお佐代さんの中に体現されているのではないか。そして鴎外は碩学安井息軒の妻のことを書きながら，実はそのことを言いたかったのではなかったか。

　大学での学びを始めるにあたって，大学の意義と学びの意義についてささか感じる事を記してキャリア・プランニングの入り口としたい。

02 大学生活への適応

池田曜子

02-01　入学前オリエンテーション

　大学へ入学することが決まり，春休みの間に何をすればよいのかわからないと感じる人は多い。どのようなことを学ぶのか考えると楽しみだが，入学式までの間に自分は何をすればよいのかわからず手持ち無沙汰になる人もいるだろう。家族や周囲の人から，大学はこれまでの高校生活とはまったく違う自由な環境だと聞き，いったいどのような環境なのか，自分はうまく適応できるだろうかと心配になる人もいるだろう。

　現在，日本の大学は，大きく変化している。かつて大学生であった人の体験談からは，予想もしていなかったカリキュラムが用意されている場合もある。入学後，こんなはずではなったと驚き落胆していると，大切な成長の機会と有意義な大学生活を送る可能性を無駄にしかねない。このような高校と大学のギャップをできるだけ少なくするために，大学へ入学する前にするべきことをまとめてみよう。

❶オープンキャンパス

　現在，ほぼすべての大学がオープンキャンパスを行っている。オープンキャンパスでは，多種多様なことが行われている。どのようなことを学べる大学なのかを知るだけでなく，実際に先輩の話を聞くこともできる。さらに，学部や学科ごとに模擬授業を受けることもおすすめしたい。また，多様化されている入試方法の説明や受験相談ブースもあるため，参加することはその後の大学生活だけでなく，受験においても役立つ機会となるだろう。

　志望大学が遠方のため参加が難しい場合もあるだろうが，特別送迎バスなどもあるため，すぐにあきらめてしまわずよく調べてみることが大切だ。さらに，時期や回数は，大学によって異なるため，必ず事前に確認することが必要である。

　ここで，入学後の学生たちからよく聞く失敗談を挙げておこう。できるだけ同じ失敗をしないように気をつけてほしい。

- 1人で参加するのは気まずいので，つい友人が行く大学に合わせて参加してしまった。結局，自分の行きたい大学のオープンキャンパスへは参加することができなかったので，大学へ入学して初めて何をするか知った。
- なかなかやる気がおきず，志望校を決めるのが遅くなってしまったため，オープンキャンパスの全ての日程が終了してしまっていた。
- 高校の先輩や先生からの話で十分だと考え，参加しようと思わなかった。
- 第1志望の大学のオープンキャンパスだけしか参加していなかったため，第1希望以外の大学へ入学した時は，まったくどのような大学か知らなかった。

　上記に挙げた例は，ほんの一例であるが，どの学生も入学後にもう少しきちんと準備しておけばよかったと後悔している。大学は，高校までとは異なりそれぞれ特色があり，その差も大きい。入学後に受ける教育は，大学ごとに違うものであることを念頭においておくことが重要である。よって，自分自身の将来に関しては，自分で決め，自分で確かめることが必要である。

❷入学前教育

　入学前教育とは，言葉の通り大学の入学式前に，これからの大学生活に必要だと大学側が考える知識や態度について学ぶ機会である。入学前教育のやり方に関しては，大学によって異なるが，入学前に習得すべき学習教材が指定されていたり，大学で直接入学前教育を受けたりする場合が多い。

　この時，せっかくの春休みなのに面倒だと感じる人は少なくないだろう。もう大学生になるのに，なんだか高校生のようだと思うかもしれない。しかし，基礎知識は，大学の授業だけでなく，その後の就職活動や社会人生活においても必要なものである。大学入学後にじっくり時間をとって，再度，自分で学習し直すことは難しくなるため，できるだけ入学前に自分自身の基礎知識を再確認しておくことをおすすめしたい。

　さらに，大学で直接入学前教育を受ける機会は，入学後の人間関係形成の手がかりとなる場合が多い。入学前に感じる不安は，知っている人が全然いないけれど大丈夫だろうか，親しい友人をどうやってつくろうかなど，人間関係に関するものが大きい。入学前に少しでも話すことのできる友人をつくる機会は，入学後の不安を和らげる重要なチャンスである。

　入学前教育という聞きなれない言葉に対しよい印象をもたない人もいるかもしれないが，すべての機会を自分の今後の大学生活の充実のために利用しようという前向きな気持ちで，参加することが重要である。

❸ 大学からの連絡確認

　大学では，高校までと異なり，毎日教室で担任の先生が今後の予定を確認する機会がない。予定の日時や場所は，すべて自分で確認する必要がある。知りませんでした，うっかり忘れていました，聞いた友達が間違っていましたという理由は通用しない。すべて自己責任となってしまう。

　とくに，高校までは入学後に行われていた行事が，大学では入学前に行われる場合がある。例えば，履修ガイダンスや健康診断，証明書の配布，オリエンテーション合宿等が，入学式より前に行われる場合も多い。例で挙げた内容からも想像できるだろうが，確認不足で予定を見逃していると，その後の大学生活に支障をきたす可能性が大きい行事ばかりである。さらに，後日，配布物などを受け取ることはできるが，自分で読んだだけではなかなか理解できない資料も多い。大学生活において必要な説明を聞く機会は，念入りに確認し間違いのないように気をつけてほしい。

02-02　新入生対象ガイダンス

　大学入学直後は，初めて知る情報ばかりで，何を優先すればよいのかわからなくなる人も多い。ていねいに導いてくれる先生はおらず，すべて自分で確認し決めていかなくてはいけない。これでよいのか不安でも，誰に質問すればよいのかもわからない。教室や事務の場所もキャンパス内のどこにあるのかわからない。

　4月のキャンパスでは，このような心配顔で右往左往している新入生をよくみかける。

　しかし，教員も職員も，すべての学生の様子を目にとめて対応することは困難である。入学後は，なんでも自分だけで抱えてしまわず，適切な場所に自ら相談に行くことが重要である。高校までの受け身の姿勢ではなく，まず自分から行動し，できるだけ問題を抱え込まないようにすることを基本姿勢としてほしい。

❶ ガイダンス

　ガイダンスとは，大学内での学習活動や大学生活全般についての説明会である。大学内の施設の利用方法や資料配布，年間スケジュール等，これから始まる大学生活の基本的知識を知る場であるため，必ず出席し，メモを取りながら説明を聞くことが重要である。

　特に，授業履修に関してのガイダンスは，大切である。大学生となって自由な時間ができたことへの喜びも大きいだろうが，充実した学生生活を送るためには，適切に授業を履修し，単位を取得することが必須である。授業履修に関しては，初めて自分で時間割を作成するという人も多いだろう。必修科目や選択科目，履修年次などをきちんと理解したうえで，自分

の所属する学部学科の時間割から時間割を作成しなくてはならない。

　また，現在，単位制限のある大学も多い。この単位制限とは，例えば，1年生の前期に履修できる単位は24単位と決められている場合，いくら自分の時間割に空いている時間があり履修してみたい科目があったとしても，決められた単位数以上は履修できないということである。この時，注意しなくてはならないのが，時間割表では同じにみえても，科目によって単数が異なるということである。大学の授業は，基本的に半期で2単位のものが多いが，1単位の科目もあるため，確認が必要である。加えて，単位制限に入らない科目や集中講義などまとめて行われる科目もあるため，自分だけですべてを把握することは非常に困難である。

　だからこそ，各種ガイダンス日程は，きちんと確認しておかなくてはならない。似た名称のガイダンスが複数あっても異なる学部や学科のものである可能性もあるため，間違わないように心がけることが必要である。

❷情報システムの使い方

　近年，ペーパレス化が進んでいる。大学でも掲示板や配布物を減らし，大学HPやインターネット上の掲示板での告知が多くなっている。このような情報システムは，パソコンだけでなくタブレットやスマートフォンでも確認できるため，毎日確認することを心がけたい。例えば，講義の教室変更や休講の情報，試験の日程，在学中に行われる各種ガイダンス，資格取得や就職に関する情報なども掲示される。そのため，パソコンが苦手だとか面倒だといって確認をおろそかにすると，講義には出席していたにもかかわらず，試験を受験しそこなって単位を取得できないという問題が発生してしまう場合もある。加えて，入学後のコース選択や所属ゼミ選択の情報も知らないまま期限が過ぎてしまうことにもなりかねない。

　大学の情報システムでは，先に挙げた履修登録や各種申請も行っている場合が多い。大学では，高校までとは異なり，すべての学生に目を配り見過ごしている予定がないかを確認してくれる人はいないため，自分自身で責任をもって情報システムの使い方を身につける必要がある。大学入学後は，情報システムのガイダンスが開かれているので，積極的に参加してほしい。

　また，大学入学後は，各個人に大学からメールアドレスが配布される。大学からの個人的な連絡事項や就職活動にも必要となってくるため，できるだけ日常的に使用し，慣れておくとよいだろう。スマートフォンの普及に伴って，情報機器の活用に対する抵抗感は少なくなってきていると思われるが，「LINEしか使ったことがないのでメールは使えません」と話す学生もめずらしくない。日常生活において，自分の使いやすい道具を使用することは当然だが，それ以外のものも避けるのではなく，使用できるようになることが好ましい。

　情報機器やスキルに関しては，個人差が拡大する傾向にある。高校までは，情報の授業で学んだ内容を，日常生活において使用する機会は少なかったかもしれない。しかし，大学生活では，情報システムを使用せずにいることは不可能であるといっても過言ではない。不安

な学生に対しては，ガイダンスだけでなく講習や個人的な相談も受けつけているため，機会を活用して苦手意識をなくしていくことが必要である。

❸授業以外の説明会

入学後は，各種説明会が行われる。どの説明会も，大学生活を充実させるために必要なものである。

例えば，以下のような説明会はすべての大学で行われている。

①奨学金に関する説明会

奨学金に関しては，種類も複数あり，申請書類をそろえるために時間がかかるものもあるため，できるだけ期日までに余裕をもって準備することが必要である。大学が独自に行っている奨学金制度もあるが，日本学生支援機構が実施している奨学金の場合は，締め切りの期日を過ぎてしまうと一切受けつけてもらえなくなってしまうため，注意しなくてはならない。

②資格取得に関する説明会

大学では，所属する学部や学科によって取得できる資格が異なっている。教職資格などのように事前に登録し，さらに卒業単位に加えて複数の単位取得が必要なものも多いため，資格取得を考えている人は，出席しておこう。

③クラブ活動やサークルに関する説明会

大学生活を充実したものとするためには，講義だけでなく課外活動に参加することも重要である。そのために，自らサークルを立ち上げることも可能であるが，すでにどのような部活動やサークルが大学にあるのかを知っておいたほうがよいだろう。できれば，他の新入生と同じ時期に加入するほうが適応しやすいため，入学式以降のクラブ，サークルの説明の場や勧誘イベントには参加することをすすめたい。

これまで挙げた以外にも，大学では時期に応じてさまざまな説明会が開かれている。入学時だけでなく適宜行われているものも多いため，大学の情報システム等で常に確認し，自分に適した学生生活を送る一助としてもらいたい。

02-03　友人関係と対人コミュニケーション

これまで経験してきた小学校，中学校，高校では，4月に所属するクラスが決められ，多くの授業や行事をクラスのメンバーと共に経験することが多かったのではないだろうか。そ

のため，常に集団で行動したり意思決定を行ったりすることが，当たり前になっている人もいるだろう。さらに，高校までは，同じ地域の同じ年齢の人間関係において，友人関係を築いてきた人も多いだろう。

　大学生の友人関係は，これまでの学校生活とは異なり，大学内だけでなくアルバイトや高校までの友人関係，自分の趣味に関わる友人関係など広範囲にわたることが想定される。しかし，その中でも，日常生活の中心となる大学での友人関係は重要であり，普段の講義等の学習時に共に過ごすだけでなく，将来展望や自己を見直すきっかけとして友人関係を活用することが重要である。

　大学での友人関係は，多岐にわたると考えられるが，実際に大学生は，どのような形で友人関係を形成しているのか紹介していきたい。今後の大学生活を見据えて，自分はどのような友人関係をつくっていきたいのかよく考えてほしい。

❶高校時代と同様の友人関係を維持する場合

　まず紹介するのは，大学入学後も高校時代までと同様の友人関係をつくった学生の例である。この場合，1人で行動するよりは，友人と一緒に行動することを優先することが多いため，友人関係内のノリを重視し，友人の提案や意見に合わせようとすることが多くなる。また，孤立することに不安を感じており，講義内の行動や態度においても友人に合わせる傾向がみられる。

> A：みんなでいる時は，自分からなんか言わんでも面白いこと言ってくれる奴も多いし，その（みんなの）ノリに合わせてますね。別に，それで十分やし，なんも困ってへんし。周りみんなおもろい奴なんで。みんなで騒いでると楽しいし。
> 　だから，もしかして単位足りへんかも，やばいかもしれへんなって思っても，あ，あいつらもやんなって思うと安心してしまうんですよね。授業も，ついしゃべりかけられたら返さなあかんと思うし，（講義を）休むのもつい誘われたり，他（の友人）もやってるってなると，別に大丈夫かなってなってしまうんですよね。他のやつらが遊んでんのに，自分だけ頑張んのも変やし。高校までもそうやったから，特に何も思いませんね。

　Aさんの話に対して，自分も同じことをしそうだと感じた人は多いのではないだろうか。または，批判的に捉えた人もいるだろう。友人関係のつくり方に関して，新たな関係をつくろうとする人もいるが，多くの人がこれまでと同じ方法や基準で友人関係を形成している。これまでと同様の人間関係は，抵抗感も少なく安心できるという利点がある。しかし，大学での学びにおいて，これまでと同じ友人関係を形成することが必ずしもよいとはかぎらない。

新たな友人関係にチャレンジしてみるよい機会だととらえることも重要である。

❷大学内でこれまでとは異なる友人関係を形成する場合

　次に紹介するのは，同年代での友人関係ではあるが，高校時代とは異なる友人関係をつくった学生の例である。大学は，高校までとは異なり，広範囲にわたる地域から，さまざまな経験をもつ学生が集まっている。大学入学を一つの機会と捉えて，これまでとは異なる友人関係をつくることも可能である。

> 　B：私，高校までは，なんか周りの友達についていくことの方が多かったんですよ。（高校に）入学してびっくりしたんですけど，（試験の結果）305人中300番で。まずは，友達の考えに合わせることが優先で，自分の考えは言ったらあかんのかなって思ってた感じ。自分のことを言うしっかりした子も多かったし，口出すのはちょっと。
> 　で，大学入ったら，急に，皆に「Bちゃんしっかりしてる」って言われるようになって，気がついたらみんなのまとめ役になってたかも。そのうち，自分でも私が言わなあかんわって思うようになって。友達も高校の時と違ってまじめな子が多くなりました。成績も頑張ってやればよいのが取れるってわかって，かなり頑張るようになりましたね。前期はほとんどがA（90点）以上になりました。

　Bさんは，高校時代までの受け身だった友人関係から，周囲の友人との関わりによって，積極的に自ら行動する友人関係へと変化したと話している。このような変化は，自分自身の態度だけでなく，大学での成績にも影響していることがわかる。どのような友人とどのようなコミュニケーションをとるかは，一時の楽しさだけでなく大学生活において多くの影響を及ぼすことを覚えておいてほしい。

❸目的別に友人関係を選択する場合

　この例は，大学入学後，友人と一緒に行動することにはあまり関心がなく，自分のやりたいことをするためならば1人でいることも気にならない場合である。このようなタイプの学生は，大学内だけでなく大学外の友人関係も同様に捉える傾向が強く，その時々の自分の興味に従って友人関係をつくることが多い。

> 　C：みんなと一緒になんかするのも楽しいんですけど，自分がやりたいことの方が優先ですね。例えば，1回（年生）の時は，体鍛えることとか，サーフィンばっかりやってて，気づいたら7単位しか取れてなかったんですよ。ジムはジムで知り合いとか友達もできるし，サーフィンも気向いたら行くから，1人の時も誰かと一緒の時も

> ありますね。
> 　それで，春休みに大学から短期留学したんですけど，それがすごい楽しくて，「あー俺，そういえば英語とか好きやったな」って思い出して，もう一回ちゃんと留学したいなって思うようになったんです。その時にできた友達とかと話してたら，半額免除してもらえる制度があるって聞いたんですけど，自分の単位やったら全然あかん，申し込まれへんってなって。それで，今年は，全部単位取るつもりでまじめにやってます。成績もできればよい方がいいから，授業も真剣に受けて，ほとんど休まなくなりました。

　Cさんの場合は，自分の関心のある内容や場所で，その時々に友人関係をつくっている。自分の関心のある領域で活動しているため，積極的な行動に伴って友人関係も自然と形成されるのである。そして，自分の目標を達成するために，友人から情報を集め，充実した大学生活を送っているように見える。しかし，Cさんの話にもあるように，大学以外での活動がメインとなってしまった場合，自分では充実していても，後に，後悔することにもなりかねない。自分の興味関心を大切にして行動することは大切だが，あくまでも大学生であることを忘れないようにしたいものである。

❹多様な友人関係を形成する場合

　大学生になると，さらに多様な友人関係をつくる場合もある。自由な時間とアルバイトをする時間も増えることから金銭的な余裕ができ，高校生までには出会うことのなかった人間関係の中で，新たな友人を獲得することも可能になる。この場合，特に，大学内外の年長者との関係や自分とは異なる経験をもつ友人との関係から取り入れた新たな意見を，大学内での友人関係において活用する傾向が高くなる。

> D：大学生になってからは，バイトとかして自分の自由になるお金とか，時間ができるじゃないですか。俺の場合は，（高校時代）バンド活動も部活とか文化祭だけやったけど，（大学へ入学後は）ライブハウスとか路上とかでやるようになったし。服もよりこだわって選べるようになったし。
> 　そんで，俺はロックンロールとか60年代のアメリカの服が好きなんで，古着屋にも出入りするようになったんです。その中で，仲良くなった古着屋の店長とかは，一回企業に就職してから，やっぱり自分の好きなことやりたいって辞めた人で。俺は，今までそんな人とかとちゃんと話したことなかったから，すごいって思って。でも，色々聞いたら，苦労した話もしてくれはって，「ちゃんと勉強はしといたほうがいい」とか「いろんな知識は役に立つ」って自分の例で教えてくれたんですよ。なんか，めっちゃ年上のおじさんとかの話は，ふーんって感じになるけど，30代とかの人の話は，

> 自分にも近くてためになります。
> 　それで，俺は，自分のことわかってくれる友達ばっかり探してたけど，自分からわかってもらうために工夫していかなあかんねんなって教えてもらって。今は，ちゃんと授業出て，サークルつくったり，他の友達も増やそうと思って頑張ってます。

　Dさんの語りからは，大学入学後に形成された異年齢の友人関係は，高校時代までの自分と似通った経験をもつ友人とはまったく異なる人生経験を知る機会となっている。その結果，今後の大学生活について，自分では思いもよらなかった見方を学ぶことができるのである。
　これまでみてきたように，大学生の友人関係に関しては，さまざまな形態がある。新たな人間関係やコミュニケーション方法を試みることには不安が伴うだろうが，大学生活だけでなくこれからの人生において，柔軟な考え方や行動を身につけることは，必ず役立つはずである。友人関係やコミュニケーションに対して，苦手意識をもっている人もいるだろうが，人間は常に周囲の人々と関係しながら生活していかなくてはならないことを意識して，努力してみてほしい。

まとめの課題

①基本課題

1）オープンキャンパスとはどのようなものでしょうか。

2）入学前教育はなぜ必要なのでしょうか。

3）ガイダンスとは何でしょうか。

4）情報システムはどのようなことに使用されているのでしょうか。

5）講義に関すること以外の説明会はどのようなものがあるのか調べてみましょう。

②応用課題

1) 大学に入学するまでに，どのようなことを準備すればよいでしょうか。

2) 大学入学後に，必ず確認しなくてはならないことをまとめてみましょう。

3) 講義以外であなたが学びたいことはどのようなことでしょうか。

4) 高校生までの友人関係についてまとめてみましょう。

5) 大学生になってどのような友人関係をつくりたいかについてまとめてみましょう。

コラム① 大学に適応しよう

川島正章

　新しい環境に身を置くときは，誰でも多かれ少なかれ不安である。この不安を払しょくし，緊張感をほぐすにはどのように対処すればよいのか。

　これには特効薬はないが，大人でも子供でも，人はさまざまな環境に適応してきており，新たな環境への対応など，それほど困難なことではなく，ほとんどは時間が解決してくれるものだ。

　大学の授業は授業名から想像すると，高校の授業と比べ，たいへん難しそうに見える。しかし，シラバスを読み，授業に一度出席してみれば，それほど難解ではないことに気づくはずだ。授業への適応をいかに早く行うかが，大学生活を有意義に過ごせるか否かの要諦だ。

　大学の授業時間はおおむね90分間で，高校の50分のおよそ倍である。非常に長いように思われるが，授業を行う側からすれば，それほど長くは感じない。また，ほとんどの授業は週1回のみで，次回は翌週になってしまう。高校時代には，例えば英語や数学は，週3回から4回あり，予習と復習に多く時間を費やさざるを得なかったが，週1回の授業となると，うまく時間を使えば，予習，復習などを適格に行うこともでき，授業内容の理解もスムーズに行うことができる。

　授業の取り組みに加え，仲間づくり，友人づくりも，大学生活において重要なことだ。生涯つき合うことになる友人ができるのも，大学4年間が多いといわれている。

　多くの仲間をつくって，幅広く人々と接することで，コミュニケーション能力を高め，さまざまな考え方を吸収することもできる。いわば毎日が訓練のようなものだ。

　このような時間は，大学を卒業した後には2度と訪れることはないといっても過言ではない。自由に考え，自由に行動できる大学生の時こそ，生涯もっともすばらしい「時」だったと，後に思うはずである。ともかく，よい大学生活を送ることができることを願うばかりである。

03 大学で学ぶための準備

伊藤正隆＋中島孝子

03-01　はじめに

　学ぶことは，大学生活において最も重要なことであり，大学生の責務である。いっぽう，大学と高校までを比較すると，さまざまな点が異なる。高校までと同じ考え方のまま大学で学ぶと，とまどいを感じたり，思わぬ失敗を引きおこしたりしてしまうことがある。そこで本章では，大学での学びを円滑に行えるようにするため，大学で学ぶための準備として知っておきたいことをいくつか説明する。

　第2節では，大学での学びにおけるルールである「履修要項」[1]について説明する。大学では，学びに関しても高校までに比べると自由度が高く，基本的に自分が勉強したいと思う科目を選択することができる。しかし，そうした選択はあくまで一定のルールの範囲内において認められる。適切な科目選択をするために，まずはルール，すなわち履修要項の内容について知る必要がある。

　第3節では，学習技術研究会［編］（2011），世界思想社編集部［編］（2015），そして森（2015）の文献を参考にし，筆者の経験も加え，大学の授業を受けるにあたり知っておきたいことを説明する。高校生までは「生徒」，大学生は「学生」とよばれるが，それぞれの定義が異なることを頭にいれておくと，大学の授業と高校までの授業は異なることが理解しやすくなる。『広辞苑』（第五版）によると，「学生」とは学業を修める者，とくに大学で学ぶ者であり，「生徒」とは学校などで教育を受ける者である。つまり，高校生までの「生徒」はただ受動的に指導を受け，教えられた知識の習得に励む。いっぽう，大学生である「学生」は能動的に自分からさまざまなことを学び，得られた知識から新たな課題を発見し，それらに取り組むことが強く求められている。こうした学びに対する姿勢の違いを意識したうえで，学習環境，学びのシステム，そして授業スタイルについて高校までとの違いをみていく。

---

[1] 大学によって名称が異なることがある。

第4節では，ノートテイキング，つまりはノートの取り方について説明する。ここでは学習技術研究会［編］（2011）の第2章，世界思想社編集部［編］（2015）の第1章，森（2015）の第5章，佐藤ほか（2014）の第4章，佐藤ほか（2015）の第2章を参考にしている。高校までの授業では，先生が丁寧に板書したものをそのままノートに「写し取る」ことが大切であった。しかし，大学の授業では，先生によっては板書をしない人もいれば，ただキーワードだけ書いていく人などもいる。そのため，ただ板書をノートに書き写すだけでは不十分であり，先生が口頭で説明する内容の中から，必要な部分を自分で選んで書き記さなければならない。授業でどのようにノートを取るかは，大学で学ぶための大切なスキルの一つなのである。

03-02　履修と履修要項

❶履修要項

　入学式の前後，学生にはさまざまな資料が手渡される。その中に「履修要項」はある。覚えがないという場合は，よく探してみよう[2]。

　履修要項をみつけたら，表紙を開いて目次を見てみよう。知らない言葉が並んでいるからといって，すぐに表紙を閉じてはいけない。内容はそれほど難しいわけではない。まずはじっくり見てみよう。

　履修要項の目次には多くの項目がある。以下では，その中でも重要と考えられる「大学・学部の特色や教育上の目的」「卒業」および「履修と単位」について簡単に説明する。

❷大学で何を学べるのか：特色や教育上の目的

　大学によって異なるが，多くの場合，履修要項の冒頭に大学・学部の特色や教育上の目的が書かれている。最初から最後までしっかり読み，どのような目的や考え方のもとで学生を教育しようとしているのかを理解しよう。各大学・学部は，それぞれの教育上の目的にもとづいて科目を用意している。入学した大学・学部で，何を学べるのか，何が得られるのかについて，おおよその理解をしておくことはとても重要である。

❸卒業と卒業要件

　はたして自分は大学を卒業できるだろうか，と不安に思っている者がいるかもしれない。大学を卒業するとはどういうことだろうか。履修要項の目次を見て「卒業」あるいは「卒業要件」のページを開こう。ある大学の経済学部の履修要項には次のように書かれている。

2）冊子ではなくオンラインで提供される場合がある。

> 1. 卒業要件[3]
> 　本学部に4年以上在学し，学部が定める教育課程により学修のうえ，科目区分毎に定められた必要単位数を含め124単位以上を修得しなければなりません。(中略)卒業判定は，第8セメスター生（休学している学生を除く）に対して行われます。

　この大学の経済学部では①4年以上在籍し，②124単位（科目区分ごとに定められた必要単位数を含む）を修得した者に対して，③卒業判定[4]が行われる。

　卒業要件に含まれる3つの条件のうち，条件①および③は多くの大学・学部でほとんど同じである。異なるのは条件②の単位数[5]とその内容である。この意味で，条件②のくわしい内容は各大学・学部の特色や教育目的を具体化した結果であるといえるだろう。また，条件③の卒業判定は，学生ではなく大学・学部が行う。したがって，大学を卒業するには，条件②のくわしい内容をよく理解し，4年終了時点までに条件①および②を満たしておかなければならない。

❹履修と単位

　では，卒業の条件②を満たすために，卒業要件に定められた単位を修得するにはどうしたらいいのだろうか。

　はじめに，単位について簡単に理解しよう。「大学設置基準」（文部科学省）によると，「各授業科目の単位数は，大学において定める」ことになっている。一般的には，通常の講義科目では15時間の授業と30時間の自主的学習をもって1単位を与える，と設定される[6]。

　次に，単位の修得について説明する。ある科目の単位を修得するためには，(a) 学期のはじめにその科目を登録（履修登録）し，(b) 授業を受けて，(c) 自主的な学習ののち，(d) 試験などの評価を受けて合格する必要がある。

　(a) から (c) を「履修」と呼ぶ。ある科目を履修して，評価が合格点に達すると，この科目にあらかじめ設定されていた単位が与えられる。(a) から (d) のうち一つでも欠けると，その科目の単位を修得することができないか，または難しくなる。例えば，履修登録を忘れていた場合，評価を受けることが認められないため，その科目の単位を修得することは不可能になる。あるいは，きちんと履修登録してまじめに受講しても，自主的な学習が足りない場合，試験を受けても合格点に達しないかもしれない。

　本章の冒頭で大学での科目選択は自由度が高いと述べた。しかし，実際は，一定のしばり

---

[3] 京都産業大学経済学部「履修要項」a-18ページより引用。
[4] 卒業判定とは，対象となる学生を卒業させてもよいかどうか判断することをいう。
[5] 「大学設置基準」は，第六章教育課程第三十二条において「卒業の要件は，大学に四年以上在学し，百二十四単位以上を修得することとする」と定めている。
[6] 与えられる単位数は，科目の種類や内容によって異なることがある。

がある。大学・学部は，卒業要件のほかに，いくつかの必修科目や何年次にどんな科目が履修可能かというカリキュラムも定めている。また，科目は多くの場合，科目区分によって分類され，区分ごとに必要単位数が定められる。卒業の条件②を満たすには，カリキュラムにしたがい，科目区分毎に定められた必要単位数を修得しながら，全体として卒業に必要な単位数を修得することが必要となる。

❺履修要項を使いこなす

　履修要項には，履修，試験，卒業要件やカリキュラムなど大学での学びにかかわるルールが書かれている。大学で何を学ぶかを考えるとき，ルールを知らなければ適切な判断をすることは難しい。入学後なるべく早い段階で，履修要項の内容をしっかり理解し，使いこなせるようにしておこう。なお，履修などについてよくわからないときは，大学の担当窓口で質問することもできる[7]。

　大学では自分で考えて科目を選択する。適当な量の情報があるとよい選択ができるといわれている[8]。選択のために情報を集めるのは，時間と手間のかかる作業である。面倒だから，なるべくやらないで済ませたいと考える者もいるかもしれない。しかし，現在の一つの選択は，将来のさまざまな状況につながっている。例えば，それは卒業研究のテーマや，大学卒業後の進路などである。科目選択においては，情報を適切に集め，よく考えて決定しよう。履修要項はその助けになるだろう[9]。

03-03　大学の授業とは

❶学習環境

　高校までと大学における学習環境の違いについて簡単にまとめたものが表3-1である。まず，高校までと大学とではクラスの設定で大きな違いがある。高校までは，「1年3組」や「3年B組」といった形で生徒が所属するクラスが固定されており，選択科目を除いて，基本的にクラスを単位として授業を受けていたのではないだろうか。しかし，大学では高校までのように固定されたクラスはなく，各学生が科目ごとに指定された教室へ行き，授業を受ける

---

7) 大学では，わからないことがある場合は，各担当窓口で相談できるようになっている。例えば，卒業や単位に関することは「教務課」，体調については「保健室」，サークルについては「学生課」，就職については「就職課」といった具合である。ただし，名称や対応できる内容は，大学によって異なる。どの窓口でどのような相談ができるかについては，確認しておこう。
8) 認知心理学では，人間が同時に処理できる情報量が研究されている（Miller, 1956）。また，佐藤・新山は，消費者の購買行動において，対象への「関与」や「知識」があると能力をこえる情報量に直面したとき消費者に生じる混乱をやわらげる，とされている（佐藤・新山, 2008）。
9) 履修要項以外に，「科目一覧表」や「シラバス」も科目を選択するときの情報源となる。

表 3-1　高校までと大学における学習環境の違い

	高校までの学習環境	大学での学習環境
クラス	固定されたクラス。	固定されたクラスはない。各個人が履修した科目の教室で授業を受ける。
時間割	クラスごとに時間割が決まっている。	各個人が科目を選択し，時間割を組み立てる。
出欠確認	ホームルームにおいて毎朝チェックされる。	出欠確認の有無は授業によって異なる。
連絡事項	ホームルームにおいて資料が配布されるか，担任の先生より伝達される。	大学にある掲示板や大学の電子サイトを自分で確認する。

ことになる。そのため，時限ごとに教室や人数が異なる。

次に，高校までは受ける科目数は限られ，月曜日の1限目は国語，2限目は数学といった形で，1週間の時間割がクラスごとに決められていた。しかし，大学では数多くの科目が開講されており，同じ時間帯にいくつもの異なる科目の授業が行われている。そのため，学生は，時間割表やシラバスなどで開講されている科目について確認し，自分が学びたい科目を選択してオリジナルの時間割を組み立てる必要がある。

また，高校まではホームルームで担任の先生が出欠確認をして，欠席や遅刻の理由などをたしかめていたかもしれない。しかし，大学では出欠確認をするかどうかは，先生によってバラバラである。遅刻や欠席をしても基本的には注意されない。配布資料もあとでもらえないことが多い。大学の先生は，授業に出席して講義を聴いていることを前提に毎回の授業を行い，試験問題を作成している。したがって，履修した科目の単位を修得するためには，しっかりと自分で出欠管理を行う必要がある。授業をサボったために単位を落とした，という話をよく聞くが，それはすべて自分の責任である。

最後は，連絡事項の伝達方法に関する違いである。高校までは，試験の日時やその範囲，あるいは学内行事などに関する連絡は，ホームルームにおいて資料が配られたり，担任の先生から連絡事項として伝えられたりしていた。しかし，大学ではあらゆる情報を自分で収集しなければならない。日頃から学内の掲示板やインターネット上の掲示サイトを確認し，掲示板に書かれていない事項については学生課や教務課などの担当窓口で確認する必要がある。掲示板等で示されている事項について，「知らなかった」という言い訳は大学では通用しない。これも自分の責任である。

❷学びのシステム

「生徒」と「学生」では学びに対して求められる姿勢が異なり，その違いに対応する形で学びのシステムも異なっている。高校までと大学における学びのシステムの違いについて簡単にまとめたものが表 3-2 である。

高校までの学びにおける目的は，文部科学省の学習指導要領で決められた範囲の知識の習得である。学習指導要領は，全国のどの地域で教育を受けても，一定水準の教育を受けられるよう定められている。授業は全国共通の内容が記載された教科書を使い，決められたカリ

表 3-2　高校までと大学における学びのシステムの違い

	高校までの学び	大学での学び
目的	決められた範囲の知識を習得する。	幅広い専門知識を習得する。
授業内容	決められたカリキュラムに沿って授業は進む。	選択する学問分野によって異なる。また，先生によって内容が異なる場合もある。
教科書	共通の教科書。	先生によってさまざま。
授業時間	1時限50分。	1時限90分。
要求される成果	先生の出す問題の正解を求めること。	自分で問題を発見することも求められる。

キュラムに沿って進む。授業科目や学習範囲はほぼ固定されている。そして，学びの成果として，教えられた知識をどれだけ正確に習得しているかが問われる。そのため，高校までの学びにおける試験には必ず正解が存在する。

　いっぽう，大学での学びにおける目的は，各自がもつ興味や特性（長所や個性）に応じて幅広い専門知識を習得することである。そのため，授業内容は各自がどの学問分野を選択するかによって大きく異なる。また，どの学問分野でも基礎から順に授業は進んでいくが，応用レベルになると同じ学問分野の同じ科目であっても担当する先生によって授業内容が異なっている場合がある。これは，大学の先生がさらに細かくわかれた分野の専門家であり，得意分野や重視する部分が異なっているからである。大学の授業においては，教科書を使うかどうかも先生によって異なる。授業内容や教科書の有無などについては，事前にシラバスで確認しておくことが大切である。

　大学での学びにおいては，必ずしも先生から出された問題に対して正解が存在するとは限らない。なぜなら，大学で学ぶ内容は，どの学問分野でも日々変化している。したがって，学生は授業で学んだことを自分なりに解釈し，そこで生じた疑問点から新たな問題を発見し，それらに対して自分なりの意見や答えを示すことが求められる。

　このような大学での学びの成果として，卒業論文がある。近年，卒業論文を提出しなくても卒業できる大学が多くなっている。しかし，大学4年間の集大成として，ぜひとも卒業論文の作成に挑戦してもらいたいものである。

❸ 授業スタイル

　高校までは，各教科に必ず教科書があり，先生が教科書にそって丁寧に説明し，その内容について順番に板書していく，というスタイルで授業が行われる。その意味で，小学校から高校までの間に授業スタイルについては大きな変化はない。そのため，とくに違和感を感じることなく授業を受けてきたのではないだろうか。しかし，大学では先生によって授業スタイルが異なっており，大学生になりたての頃はこの違いにとまどうことが多い。ここでは教科書や配布資料の有無によって大学での授業スタイルを三つにわけ，それぞれの特徴について説明する。

①教科書が指定されており，その内容について授業が行われるタイプ

　高校までの授業スタイルとほぼ同様のものである。このタイプでは，教科書を使うことによって予習や復習が可能であり，専門用語なども事前に確認することができる。また，現在自分が学習している範囲を把握することもできる。注意すべき点は，このタイプでは予習や復習を前提として授業が進み，高校までのように教科書にそって解説が行われるとは限らないことである。先生は重要な論点にしぼって解説を行う。

②教科書はなく，先生自作の配布資料などを使って授業が行われるタイプ

　このタイプでは，毎回の授業において資料が配布され，それに基づいて授業が行われる。そのため，復習は可能であるが，予習はできない。このタイプでは，復習して次の授業にのぞむことが期待されている。また，配布資料が教科書の代わりとなるため，市販のファイルなどを利用して保存しておく必要がある。

③教科書も配布資料もないタイプ

　このタイプでは，授業において先生が話す内容がすべてであり，それらを自分のノートに書き記したものが教科書となる。授業中は聴くことに集中し，その内容を理解することが大切である。授業中に寝てしまう，あるいは携帯電話をいじるといった行為は，授業内容の理解を妨げる。とくにこのタイプの授業においては，これらの行為をすることは取り返しのつかない事態を招いてしまう可能性が高い。

　本節では大学の授業とはどのようなものかについて，学習環境，学びのシステム，そして授業スタイルという三つの視点から説明を行った。高校までの受動的な姿勢とは異なり，大学では能動的な姿勢で授業にのぞむことが大切である。また，能動的な姿勢は，社会人となったときに要求されるため，大学の授業をとおして身につけるべき力の一つである。

03-04　ノートテイキング

❶ノートを取る目的

　これまでの人生で見聞きしたことをすべて覚えている，ごくまれにそういった才能に恵まれた者が存在する。しかし，大半の人は記憶を失っていく。実際，何もしなければ授業内容も忘れてしまうものである。授業中，集中して先生の話を聴き，その内容を理解して「なるほど」と感じていたのだが，数日後にはどのような内容であったのか思い出せない，という経験をしたことはないだろうか。内容を忘れてしまうのでは授業を受けた意味がなくなってしまうし，その後の授業でついていけなくなる可能性がある。こうした事態を避けるために，

ノートを取る。あとでノートを見直すことによって，授業内容を復習することができるようになるのである。

また，大学では先生の板書のみをノートに取るだけでは不十分であり，先生の話を聴いて自分なりにまとめて書くことも必要である。「考えて書く」ことによって，授業内容についての理解を深めるとともに，自分の意見や疑問が生じるのである。

❷ノートを取るときのコツ

実際の授業において最も重要なことは，授業に集中して先生の話を聴くことである。しかし，先生が話す内容は，例えば速記の技術を持ち合わせていない限りすべて書き記すことはほぼ不可能であるし，また，すべて書き記す必要もない。ノートを取るときには，あくまで自分の理解を深め，あとで復習したときに授業内容が思い出せる程度の要点を押さえていくことが大切である。こうした能力は，実際に大学の授業を受けていくことで身につくものである。しかし，授業は入学後すぐに始まる。そこで，ここではいくつかのコツを紹介しておく。

①できるだけ速く書くように心がける

先生の話を聴きながらノートを取る場合も，聴きもらしがないようにできる限り速くノートを取る必要がある。ノートはあとで自分だけが読めればよいため，丁寧に書く必要はない。

②先生の立場になって考える

皆さんは大切なことを他人に伝えるとき，繰り返し説明したり，重要な部分は強調して伝えたりしないだろうか。授業中の先生も同様である。学生に伝えたい大切な要点について説明するときには，とくに声を大きくしたり，ゆっくり話したり，学生の反応を見たりしている。先生の立場になってどの部分が大切なのかを考えると，ノートとして取るべき要点がみえてくる。

③先生の指示はメモする

教科書を使う授業では，「……については○○ページの図表△を見てください」や「くわしくは□□ページを読んでおいてください」といった指示が出るときがある。こういう指示があった場合には，そのページ番号を必ずメモしておく。

④わからないものはとりあえず置いておく

授業中にわからない漢字や外国語のスペルが出てきたり，授業内容に関して不明点が出てきたりしても，基本的に授業は止まってくれない。そのため，漢字などがわからない場合はとりあえずカタカナでメモし，授業内容に関して不明点などがあった点は「？」を書いておく。それらは，授業が終わったあとに調べたり，友人や先生に質問したりして確認する。

⑤具体例や体験談はメモする

　難しい理論や学術的な定義をそのまま理解することは非常に難しい。また，それらをうまく伝えることは先生にとっても難しいものである。そこで，多くの先生は理解しやすくするために具体例などを用意している。こうした具体例は口頭で話されることも多いが，要点をつかむのに役立つため，積極的にメモしておく。

❸ノートを完成させる

　授業中にノートを取ったら，それで満足する学生は多い。しかし，授業後に必ず行わなければならないことがある。それはノートの仕上げである。授業が終わったら一度ノート全体を見直してみよう。このとき確認すべきことは，自分の文章が読めるかどうかである。せっかくノートに書いたものがあとになって読めなければ，ノートを取る目的を果たさなくなる。もし文章として読めない部分があれば，覚えているかぎりでよいから書き直しておくとよい。

　また，わからなかった漢字や理解できなかった点などは，教科書や辞書などを用いて調べておこう。それでもわからないことがある場合には，先生に質問して確認しておく必要がある。時間がたつにつれ「何がわからなかったのか」がわからなくなるため，こうした作業は授業後すぐに実行すべきである。

　授業後に仕上げを行うことによってノートは完成し，その後の復習が可能になるとともに，授業内容の理解を深めることになるのである。

❹補足事項

①ノートを取るための準備（「自分ルール」の設定）

　効率的にノートを取るために，授業が始まる前に「自分ルール」を決めておくとよい。それは，ノートに授業内容をどのように書き記していくか，あるいはノートのレイアウトをどうするかについて，自分で決めたルールである。例えば，以下のようなルールを設定しておく。

- 毎回，新しいページから書き始める。
- 毎回，科目名・授業回数・授業のあった日付を書いておく。
- 予習が可能な授業スタイルであれば，予習時に理解できなかった事項を書き出しておく。
- ノートの右端から3センチメートルはフリースペースとしておき，自分の意見や疑問に思ったことなどを書く。
- 専門用語の定義には「☆」などの記号をつけて強調する。
- 板書にはなかった先生の口頭による説明部分には下線を引く。
- カラーマーカーを色ごとに使いわけて重要度を示す（例えば，赤色は最も重要な事

項，青色はそれなりに重要な事項，緑色はできれば覚えておきたい事項など）。

②ノートを取るために役立つ文房具とその使い方

- いろいろな色のボールペンやマーカーなど
  色を使い分けることによって，重要度などの違いをわかりやすくする。
- ふせん
  貼ったりはがしたりが容易なため，不明点などを記載して貼っておき，理解できたらはがすことができる。その他にも，ちょっとしたメモを残しておくときに便利である。
- ルーズリーフ
  常に持っていれば，メモ用紙として利用できる。また，通常のノートとは異なり，途中でページを差し込めるため，あとで見直したときに追加情報を加えることが可能である。ただし，ページがバラバラであるため，ファイリングする必要がある。

　本章では大学で学ぶための準備として，学びのルールである「履修要項」，大学の授業の特徴，そしてノートテーキングのテクニックについて説明した。何事もよい成果を得るためには，しっかりとした準備が必要である。大学における学びから多くの成果を得るためには，本章の内容を役立てることが重要である。

【引用・参考文献】

Miller, G. A. (1956). The magical number seven, plus or minus two: Some limits on our capacity for processing information. *Psychological Review*, **63**, 81-97.

学習技術研究会［編］（2011）．『知へのステップ　第3版―大学生からのスタディ・スキルズ』くろしお出版

京都産業大学経済学部（2015）．「履修要項」

佐藤　望・湯川　武・横山千晶・近藤明彦［編］（2015）．『アカデミック・スキルズ　第3版―大学生のための知的技術入門』慶應義塾大学出版会

佐藤智明・矢島　彰・山本明志［編］（2014）．『3訂　大学　学びのことはじめ―初年時セミナーワークブック』ナカニシヤ出版

佐藤真行・新山陽子（2008）．「食品購買時の提示情報量と消費者の選択行動」『フードシステム研究』**14**(3), 13-24.

世界思想社編集部［編］（2015）．『大学生　学びのハンドブック［3訂版］』世界思想社

専修大学出版企画委員会［編］（2015）．『改訂版　知のツールボックス　新入生援助集』専修大学出版局

森　靖雄（2015）．『大学生の学習テクニック　第3版』　大月書店

まとめの課題

①基本課題

1) 履修要項とは何でしょう。簡単に説明してください。

_____
_____
_____

2) 以下の文の下線部にふさわしい言葉を選択肢から選びましょう。
「大学が各科目の単位数を設定する。通常の講義科目であれば15時間の_____
と30時間の自主的学習をもって_____単位を与えるのが一般的である」

選択肢：①自主的学習　②授業　③単位　④履修　⑤履修登録　⑥1　⑦2　⑧3
　　　　⑨4

3) 以下の文の下線部にふさわしい言葉を選択肢から選びましょう。
「履修とは、_____，受講，および_____の全体をさす。ある科目を履修して評価を受けて合格点に達すると，その科目に設定されている単位が与えられる」

選択肢：①自主的学習　②授業　③単位　④履修　⑤履修登録　⑥1　⑦2　⑧3
　　　　⑨4

4) 学びのシステムに関して，高校までと大学との違いを三つ答えましょう。

_____
_____
_____

5) ノートを取る目的を二つ答えましょう。

_____
_____
_____

②応用課題

1) あなたの履修要項を参照し，以下の質問に答えましょう。

[1] あなたが所属する大学・学部では，卒業要件として何単位以上修得する必要があるでしょうか。

_____

[2] 今年度後期の履修登録期間はいつからいつまでですか。

_____

[3] 今年度の定期試験は何回ありますか。

_____

[4] 今年度の定期試験の期間はいつからいつまでですか。

_____

2) 大学の授業を受けるにあたり，あなたが注意しなければならないことは，どのようなことですか。

_____
_____
_____

3) 大学の授業でノートを取る際のあなたオリジナルのルール（「自分ルール」）を具体的に説明してください。

_____
_____
_____

基本課題2) の答え：②，⑥　基本課題3) の答え：⑤，①

04 読むこと・考えること

山田創平

04-01 クリティカル・リーディング

❶クリティカル・リーディングとは何か

　大学以前の学びは「勉強」だが，大学での学びは「学問」である。「勉強」と「学問」の違いは，文章を読む時に「クリティカル・リーディング」をするかしないかにある。「クリティカル・リーディング」は日本語に訳すと「批判的読解」である。「勉強」も「学問」もその核には書物があるが，その書物に対する態度，接し方が両者ではまったく異なるのである。

　「批判的読解」といわれてもすぐにはイメージがわかないかもしれない。これから説明するようにクリティカル・リーディングは大学での学びにおいて，その肝ともいえる重要な要素である。だが大学以前の学びではあまり重視されてこなかった。したがって大学に入学した皆さんが，いきなりクリティカル・リーディングといわれてピンとこないのも無理はないのである。

　まずは以下の新聞記事を見てみよう。まずは感想でもかまわない。どんな思いを抱いただろうか。

> 製造の投融資禁止　三菱UFJと三井住友（毎日新聞：2010年7月30日）
> 　不発弾が市民を殺傷しているクラスター爆弾について三菱東京UFJ，三井住友の2銀行が，同爆弾製造を目的とした資金調達への投融資を内規で禁じたことが，毎日新聞の調べでわかった。来月1日のクラスター爆弾禁止条約（オスロ条約）発効を前に投融資の使途のチェックリストに項目として明記した。同爆弾製造など非人道的な目的に資金を提供しない「倫理的投融資」が欧州から世界に広がっており，日本のメガバンクも呼応した。
> 　三井住友銀行は毎日新聞の取材に「（禁止）条約の発効に伴い，与信を禁止する使途の一つとして明示している」と文書で回答。三菱東京UFJ銀行は取材に対し「昨年2月

> に明示した」と回答した。

　新聞には毎日たくさんの記事が載っている。この記事も注意しなければ見落としてしまうような小さな記事だ。ちなみに「投融資」という言葉は聞きなれないかもしれないが，銀行が企業などにお金を貸して事業を支援することをいう。企業は借りたお金で新たなビジネスを展開して利益を上げることができるし，お金を貸した銀行はその結果として利息をつけてお金を返してもらえるので利益を上げることができる。

　以前，実際に学生と共にこの記事を読んだとき，さまざまな感想や意見があげられた。例えば次のような意見である。学生の意見はおおむね好意的なものであった。

- 非人道的な兵器であるクラスター爆弾の使用を国際社会が禁止することになったのは大きな一歩でありよいことだ。
- 非人道的な目的に資金を提供しない「倫理的投融資」がヨーロッパから世界に広がっているという動きも評価できる。

　これらの意見については，もちろん私もその通りだと思う。クラスター爆弾禁止条約（オスロ条約）はこれからの人類にとって非常に重要だ。だが一方で，この記事には気になる点がいくつかある。気になる点というのは「単純に疑問に思う点」であったり，「ここに書かれていることから想像できる，ここには書かれていないこと」であったりする。具体的には例えばこんなことだ。

- そもそもクラスター爆弾禁止条約（オスロ条約）はどれぐらいの国が参加している条約なのだろうか。参加国が少なければ意味がないのではないか。
- クラスター爆弾の製造を「非人道的」としていて，それは確かにそのとおりだが，そもそも「人道的」な兵器などあるのだろうか。兵器とは全て「非人道的」なものなのではないか。
- 条約の発効をうけて，日本の銀行は今後クラスター爆弾を作っている会社への投資（お金の貸し付け）を行わない」といっているが，これは裏を返せば「これまでは投資していた（お金を貸していた）」ということではないのか。
- クラスター爆弾以外の兵器製造に対する投資は今後も行うということなのではないか。
- わたしたちは普段なにげなく銀行にお金を預け，必要になったらATM（現金自動預け払い機）で引き出している。だがこの記事をふまえて考えるなら，わたしたちが預けているお金を銀行がどのように使っているのかということについて，わたしたちはもっと意識すべきなのではないだろうか。

これらはあくまでも一例である。文章を読むときに，ここにあげたような批判的な内容を想定しながら読むこと，文章の内容を今までとは異なった角度から読んでみること，それがクリティカル・リーディング（批判的読解）である。資料や文章を目にした時，思い切り想像力を発揮してみる。そして字面を追ってわかったような気にならずに，ああでもないこうでもないとゆっくり時間をかけて考えてみることが重要だ。

❷ふと気づいたことを徹底的に深追いしてみよう

　ある学生は私がこれらの項目を示すと「なんだか意地悪な読み方ですね」と言った。この意見は言い得て妙である。確かに意地悪な読み方かもしれない。しかし多くの人々の命に関わる問題でもある。多少意地悪なぐらいにあれこれと考えてみる価値はあるはずだ。ささいな疑問や，ちょっと引っかかったことなどを無視してはいけない。それらは大学での学びの出発点になる。

　上にあげた項目について実際に一つひとつ詳しく調べてみると，非常にたくさんのことがわかるだろう。例えば軍縮に関する条約はクラスター爆弾禁止条約だけでなく，対人地雷禁止条約や核兵器不拡散条約などさまざまな種類がある。銀行の投融資に関しても，研究者が一生をかけて研究するような奥深さがあるし，実際にたくさんの専門家がいる。投資や金融に関する研究でノーベル経済学賞を受賞した人物もたくさんいる。日常生活の中でも，大学で授業を受講している時でも，新聞や雑誌を読んでいる時でも，本を読んでいる時でも，いつでもかまわない。素朴な疑問や，もやもやとした思い，ふと気づいたことを徹底的に深追いしてほしい。そこにはとても大切な学問の「種」がある。

　だがこういった文章の読み方は慣れるまでにそれなりの時間がかかる。大学以前の教育の影響もあるだろうが，いきなりクリティカル・リーディングをやってみようと思っても，文章を前にしてなかなかいいアイデアが浮かんではこないかもしれない。

　大学以前の学びには教科書があった。わたし自身もそうだったが，大学以前の学びでは教科書の内容をそのまま受け入れ，覚えていかなければならなかった。そうしなければ定期試験や大学入試をはじめてとした「試験」をクリアできないからだ。教科書の内容や教師の教える内容に疑問をもつことは，大学以前の学びの場ではほめられる態度ではないのだ。わたし自身，よく覚えている経験がある。高等学校の日本史の授業で平将門の乱（935-940）を教えられた時のことだった。平将門は関東地方の主要地域をほぼ平定し，「新皇」を名乗ったとされている。そして自ら国司を任命している。国司は現在でいえば県知事にあたるような重要な役職である。授業でこれらの内容を学んだ時，わたしの中には単純な疑問が浮かんできた。日本史の教科書では単なる「乱」として片付けられている。だが実際に起こっていたことは，この時，日本列島に二つの国が存在したということではないのか。だとすれば，京都の朝廷から見たときに平将門が関東地方につくったこの国は「外国」ということになり，日本史の範囲を超えているのではないか。そう思った私は教師に「この問題は世界史で扱うべ

きではないですか？」と提案した。だが教師は「そういったことは考えなくてよろしい」と言っただけだった。

　ずっと後になって，大学で日本の古代史・中世史を研究している専門家にこの話をしたことがある。そのときその方は，平将門が関東地方につくった「国」が，ほんとうに国といえるような実体をもったものだったのかという点については，現在でも見解が分かれ研究が続けられているという話をしてくださった。独立国に近かったという研究者から，実際には実体はなく，やはり単なる反乱だったという研究者までいて，見方はさまざまだという。高校時代に私がいだいたあの疑問は，取るに足らない疑問などではなく，学問の出発点になるような疑問，いわば教科書のクリティカル・リーディングだったということになる。

❸研究の世界の扉を開く

　クリティカル・リーディング（批判的読解）のイメージをだいぶ掴んでもらえたことと思う。大学での学びと大学以前の学びはクリティカル・リーディングがあるか否かという意味において大きく異なる。もう少しわかりやすくいうと，大学以前の勉強には「答え」があるが，大学での学問には唯一絶対の「答え」は存在しない。もちろん大学での学問にも「結論」はある。しかしその「結論」は現時点での，とりあえずの「答え」であって，これから先，その「答え」はどんどん変化してゆく可能性がある。学問とは「これで全部わかった」「答えが出た」と満足して終わりになるものではなく，人類が存在する限り，ずっと変化し，進歩し続けるものなのである。

　大学での学問はしばしば「研究」ともいわれる。大学の教員は研究者だが，大学生になった皆さんも研究者である。大学によっては４年生になると卒業研究や卒業論文に取り組むところもあるだろう。大学での学びは立派な研究であり，その意味では，大学に入学した皆さんも人類の長い学問の歴史の一時期にすでに加わっているのである。

　大学でレポートや論文を書くときには必ず過去の研究者たちの研究成果（先行研究）を参照しなければならないといわれるが，その理由もそこにある。過去の長い学問の歴史をふまえなければ，研究は成り立たないのである。

04-02　クリティカル・シンキング

❶「考え続ける」ということ

　ここまでクリティカル・リーディングについて学んできた。学問の世界で文章を読む時には，内容を理解して受けとめるだけではなく，その内容を批判的に検討しなければならない。その批判も，単なる揚げ足取りではなく学問の進歩に寄与するような建設的な批判である必要がある。慣れるまではなかなか骨の折れる作業だが，経験を積むうちにクリティカル・リ

ーディングの楽しさがわかってくるし，同時に世の中の見え方も変わってくるはずだ。まずはさまざまな価値観に触れることが重要だ。例えばある新聞記事を複数の学生で読み，議論してみるだけでも，そこに人それぞれの読み方や理解があることがわかるだろう。

　私自身，大学教育に携わって10年以上がたつ。その間さまざまな学生と出会ってきたが，クリティカル・リーディングのあり方には百人百様の個性がある。私や他の学生が気づかないような事柄をいつも的確に指摘する学生もいるし，授業で文章を読んで一年ぐらいたった頃に突然研究室にやってきて自分なりの批判的読解の成果を語ってくれた学生もいた。個性的であることを恐れずに，自分なりの文章の読み方を磨いてほしい。ある文章について一年間考え続けた学生のように，「考え続ける」ということが何よりも大切である。

　いま私は「考え続ける」といったが，実はこの「考え続ける」ということがなかなかのくせものなのだ。ある事柄について，ああでもないこうでもないと考えていて，いいアイデアが思い浮かんだとする。たいていの場合，それを結論としてそこから先は考えないのではないだろうか。「考える」ということ，ましてや「考え続ける」ということは，実はけっこう難しいし，エネルギーを必要とする行為なのだ。だがかつてそのきわめて難しく，かつエネルギーを要する「考える」という行為を，あきらめずに続けなければいけないといった人がいた。考え続けることこそが，人が人である理由なのだといった人がいた。古代ギリシアの哲学者ソクラテス（紀元前469頃–紀元前399）である。

❷ 「無知の知」

　ソクラテスは自分自身，一つも著作を残さなかったので，彼がどんな人であったのかは弟子のプラトンの著作を通じて知るしかない。ソクラテスはある時「ソクラテスよりも知恵のある者はいない」という神託（神のお告げ）を受ける。だがソクラテス自身は自分に知恵などないと考えていたのでその言葉を不審に思い，その神託の真偽を確かめるために「自分よりも知恵のある人」を探す旅に出る。その道中で出会った「知恵があると評判の政治家」との対話を終えた時のソクラテスの発言を，プラトンは次のように伝えている。

> しかし私自身はそこを立去りながら独りこう考えた。とにかく俺の方があの男よりは賢明である，なぜといえば，私達は二人とも，善についても美についても何も知ってはいまいと思われるが，しかし，彼は何も知らないのに，何かを知っていると信じており，これに反して私は，何も知りもしないが，知っているとも思っていないからである（プラトン，1964）。

　ソクラテスにとって知恵とは「自分は何も知らない（無知）」ということを自覚する（知る）ことなのだ。このようなソクラテス独特の考え方を「無知の知」という。「全てわかった」「答えを知っている」と考えた時点で，人の思考は止まってしまっており，知恵があると

はいえない。自分は何も知らない，まだわかっていないと自覚するからこそ，人は考え続けるのだ。それこそが知性の正体であるとソクラテスはいっているのである。

　自分は「知っている」「わかっている」と自称する人間は，本当は何もわかってなどいないし，ぜんぜん賢くなどないし，知恵のある人でもない。その人の思考はすでに止まっている。彼らは自分のことを「知っている」「わかっている」人，すなわち「知者」であると自称しているが，本当は何も知ってなどいない。ソクラテスは本当の賢者とは，まだ得ることのできない，そしておそらくは永久に得ることのできない「知」にむかって歩み続ける人のこと，考え続ける人のことであると考えた。それは「知者」ではなく，「知を愛する人」，愛知者である。すぐには答えの出ないような問について，飽きることなく考え続けること。けっして立ち止まることなく，批判的な態度をもって問い続け，考え続けること。これこそが全ての学問の基礎である。ソクラテスのこのような考え方は，弟子のプラトンやアリストテレスに受け継がれた。「知」に対する彼らの態度は，やがてヨーロッパの壮大な学問体系を花開かせることになる。医学や物理学から文学に至るまでの，現在の世界に存在する諸学の基礎にはソクラテスとその弟子たちがいるのである。

　この「愛知者」という言葉は，古代ギリシア語で「フィロソフィア」と言い，英語ではフィロソフィー（philosophy）という。この言葉は明治時代に日本に移入されたが，その際に政治家であり思想家であった西周（1829-1897）が「哲学」と訳した。皆さんは普段の大学生活で大学の先生に会うだろう。大学の先生は，多くの場合「学位」というものをもっている。大学を卒業している人は「学士号」，大学院を修了している人は「修士号」や「博士号」と呼ばれる学位をもっている。もし身近に博士号をもっている先生がいたら，博士号を英語で何というか聞いてみるといい。ほとんどの場合，哲学が専門ではない人も含めて，それはDoctor of Philosophy（略してPh.D.）であるはずだ。専門を問わず，今でも最高学位にフィロソフィー（知を愛する人）という言葉が入っているのは，学問とは，「哲学」つまり「考え続けること」なのだという理念のあらわれである。

❸ ac.jp の意味

　そしてもう一つ，なぜ私がここで二千年以上も昔の哲学者であるソクラテスの話をしたのかを話しておきたい。それは他ならぬこの本を読んでいる大学生の皆さんが，ソクラテスやプラトンの弟子であるからだ。大学によってシステムは異なるかもしれないが，多くの大学では入学と同時にメールアドレスが発行される。そのアドレスの意味を考えたことがあるだろうか。ほとんどの場合，その末尾は「ac.jp」になっていると思う。「ac」はAcademy，あるいはAcademic，「jp」はJapanの略である。このAcademy（学園，学会，学派），Academic（大学の，学問的な）という言葉は，ソクラテスと同時代の人であり，弟子であったプラトンがつくった学校の名前「アカデミア」に由来する。私たちが今いるこの大学という場は，「考え続ける」ということを何よりも大事にした古代ギリシアの哲学者たちにその大きな源があ

るのである。

　「わかった」「知っている」と満足して，思考停止することなく考え続けること。大学とはまさにそのような場であり，研究や学問とはそのようなものである。このような考え方を，後世の思想家たちは次のように表現している。

> 　考えることをためらってしまうような問題を愛すること。「そんなことを考えてはいけないよ」と言われるようなことをしっかりと考えること。そっちの方がよっぽど大切です（ニーチェ，2005［原著1888］）。
>
> 　諸君は今こそ，商売上のあるいは職業上の瑣末事よりもより重大ではるかに人間を高尚にする主題についてある程度の見識を獲得し，人間のより高度な関心事すべてに諸君の精神を活用する術を習得すべき時期であります（ミル，2011［原著1867］）。
>
> 　哲学は「一片のパンをも焼きはしない」，しかし哲学はわれわれの心を鼓舞することができる。疑ったり反駁したり，詭弁を弄したり弁証したりするその仕振りは一般人には往々厭うべきものではあるが，しかし哲学が世界のパースペクティヴの上に投ずる遥かかなたを照し出す光線なくしては，われわれは誰ひとり生きてゆくことができないのである（ジェイムズ，1957［原著1907］）。

❹ある将来予測

　アメリカの研究者，キャシー・デビッドソンによるある将来予測が2011年8月にアメリカの新聞，ニューヨーク・タイムズに紹介された。記事には次のように書かれていた。

> According to Cathy N. Davidson, ……fully 65 percent of today's grade-school kids may end up doing work that hasn't been invented yet. (*The New York Times*, AUGUST, 7, 2011)

　アメリカにおいて，いま小学生である子どもの65％は，将来的にいまだ存在していない新しい仕事に就くことになるというのである。時代の変化，世界の変化は早い。このような変化のただ中にあって，しっかりと自ら立ち（それは物理的な意味においてではなく精神的な意味において），自らの納得のゆく人生を歩んでゆくためにも，考えること，考え続けることは重要である。誰も考えつかないような，新しいアイデアを生み出すような気概をもって，学問の道を，そしてこれからの人生を歩んでほしいと思う。

　「もうわかった」「知っている」と納得してしまわずに，もっと先に考えを進めることがで

きないだろうかと試行錯誤すること，あきらめずに考え続けること――このような思考を学問の世界では「クリティカル・シンキング（批判的思考）」と呼ぶことがある。先に学んだ「クリティカル・リーディング（批判的読解）」は，文章を読むにあたってのクリティカル・シンキングの実践であったともいえるだろう。学問的な態度そのものともいえるこのクリティカル・シンキングだが，実のところ「これをこうすればクリティカル・シンキングができるようになる」というようなマニュアルは存在しないと考えてよい。それは日々の経験や，読書，友人や教師との人間関係に中で経験的に，その人の個性として磨かれてゆくものである。クリティカル・シンキングやクリティカル・リーディングをある種の技術，スキルとして紹介する本も世の中には存在するが，そこで紹介されている技術やスキルはあくまでも一例と考えたほうがよい。

　クリティカル・シンキング（批判的思考）という概念について道田泰司は「多くの研究者が指摘するように，批判的思考（critical thinking）の概念は，研究者によってさまざまなものがあり，一致をみてはいない」（道田，2001）と語っている。クリティカル・シンキングに必要な要素も多くの研究者によって定義されているが，内容は「推論の過程において，論理的な一貫性のなさや誤謬をみつける」といったものから「不確実さに耐えよ」とか「オープンマインドであれ」といったものまで無数にある。

　このようにともすると捉えどころがなく，実践が難しいように思われるクリティカル・シンキングだが，私自身，経験を通してこれだけは絶対に必要だと考える要素がある。それは他者と話すこと，同級生や先輩，大学の先生と議論をすることである。少なくとも私自身は，そのような人びととの対話を通して，批判的な視点や発想を獲得してきたように思う。そして大学にはそれを実践する場所も時間もある。そのような経験は，学問上の修練において重要であるだけでなく，自らの生涯の宝ともなる友人や師を得る大事な時間ともなるだろう。

【引用・参考文献】

ジェイムズ，W.／桝田啓三郎［訳］（1957）．『プラグマティズム』岩波書店〔原著：1907 年〕

ニーチェ，F. W.／適菜　収［訳］（2005）．『キリスト教は邪教です！現代語訳「アンチクリスト」』2005，〔原著：1888 年〕

プラトン／久保　勉［訳］（1964）．『ソクラテスの弁明・クリトン』岩波書店

道田泰司（2001）．「批判的思考の諸概念―人はそれを何だと考えているか？」『琉球大学教育学部紀要』59, 109-127

ミル，J. S.／竹内一誠［訳］（2011）．『大学教育について』岩波書店〔原著：1867 年〕

まとめの課題

①基本課題

1) クリティカル・リーディング，クリティカル・シンキングは日本語に訳すとそれぞれ何というでしょうか。

2) クリティカル・リーディングについて説明してください。

3) クリティカル・シンキングについて説明してください。

②応用課題

1) 自分が気になる新聞記事を一つ選び，その記事に対してクリティカル・リーディングを試みてください。

2) 自らが試みたクリティカル・リーディングについて他者（他の学生や教員）と共有し，意見交換を行ってください。

コラム② 「聞く」ことの重要性

鈴木基伸

　皆さんは「職業」ということについてどのようなイメージをもっているだろうか。「はたらく」「お金をもらう」「たいへん」「義務」「やりがい」「やりたくない」など、ポジティブなものからネガティブなものまで、いろいろなキーワードが浮かんでくるかもしれない。しかしそれらはいずれもぼんやりしたもので、はっきりとしたイメージはまだもつことができないと思う。そこで本コラムでは、「職業」の中で使われている「職」という漢字に焦点を当て、その成り立ちを考察することによって、「職業」とは何か、「働くこと」とはどんなことか、ということを考えてみたい。

　ではこの「職」という字はどういう意味を表しているのだろうか。この漢字を分解すると「耳」と「戠」というパーツから成り立っていることがわかる。「戠」という漢字は音読みで「ショク」と読み、「目印」や「しるし」といった意味をもっている。この漢字に「言」をつければ「識」、「糸」をつければ「織」となるため、皆さんにとっては見慣れた漢字の一部だろう。この「戠」という漢字は置いておくとして、なぜ「耳」という漢字が使われているのか、という点について考えてみたい。

　漢字の成り立ちや語源には諸説あり、一概にはいえないが、「職業」が人の話を聞く、耳を傾ける、といったことと関係があるといえる。古代中国人は、色々な人々の意見を聞くことこそが、その人にとっての「職業」であり「仕事」であり「役目」だと考えた。だからこそ「耳」という字をあてたのだろう。つまり、「職（仕事）」にとって重要なことは何よりもまず、人の話を「聞く」ということなのである。「職（仕事）」の本質が人の話を「聞く」ことだなんて意外かもしれないが、「職業」というものが、多かれ少なかれ人との関わりの下で成り立っていることを考えれば当然かもしれない。

　この「「聞く」ことの重要性」は、職業選択の場においても当てはまるといえる。例えば将来やりたいことや進むべき道がわからない場合、「自分はどういう人間か」「どんなことに向いているのか」「何が求められているのか」ということを聞いてみるのである。「聞く」ことを通して自己分析をし、世間のニーズがわかれば、必然的に自分が「何をすべきか」ということが見えてくるだろう。人の話を「聞く」ことが、キャリア・プランニングの第一歩なのである。

05 文献・資料を使うこと

横谷弘美＋高橋検一

05-01 文献・資料の種類

❶情報生成の流れ

　文献・資料にもさまざまな種類があり，おもな情報媒体として，図書，雑誌，新聞，ウェブなどがあげられる。例えば，なにか大きな事件が起こったときには，まずテレビ・ラジオなどの放送メディアとともにウェブで第一報が報じられる。翌日になると新聞に速報記事が掲載される。しばらくすると週刊誌や月刊誌のような雑誌にある程度まとまった特集記事が組まれることもある。さらに年月をかけて，事件が起こった経緯や背景，関係者の証言，専門家の見解などがくわしくまとめられて図書という形で出版される。このように一般的な情報は，ウェブ ➡ 新聞 ➡ 雑誌 ➡ 図書の順に生まれ，時間経過とともに，断片的な情報がだんだんと整理され，まとめられていくという特徴がある。

　ただし，学術的な研究成果は，まずはじめに雑誌（学術雑誌）で公表される。その中でも特に重要な発見についてはテレビ・ラジオ・新聞などで報道されたり，その分野の専門事典や概説書などにまとめられることもあるがそれはごく一部に過ぎない。学術的な研究成果の大半はその分野の学術雑誌にあたらなければみつけることはできない。

❷情報媒体ごとの特徴

　それぞれの情報媒体ごとに入手できる情報には異なる特徴がある。ふだんの生活では，なにか知りたいことがあればウェブ検索だけで解決できることが多いかもしれない。しかし，図書，雑誌，新聞にはウェブではみることができない価値ある情報がたくさん眠っている。とくに大学でのレポートや研究など本格的な調査が必要な場面では，ウェブ情報だけではなく図書，雑誌，新聞といった媒体も広く活用することが求められる。

①図　書

　図書には書名のテーマに沿って1冊に数百ページもの情報がまとめられている。そのため断片的な情報が多いウェブや新聞と比べるとテーマの全体像をつかむのに適した情報媒体といえる。なお，図書は時間をかけて編集・出版されるため，情報が古くなっていることがあるので注意が必要である。しかしそのぶん手間をかけてまとめられているため，より深く詳細な価値ある情報が多いのも特徴である。

　図書にもさまざまな種類があるが，百科事典や新書は専門知識のない一般の読者にもわかりやすく書かれており，テーマに関する基本知識を一通り得るのに役立つ。また，官公庁が発行する白書には各行政分野の現状や展望，政策の総括や計画などがまとめられて毎年発行されている。ある分野で何が問題になっているのか，政府がどんな政策に力を入れているのかを知ることができる。

②雑　誌

　雑誌に掲載されている一つひとつの記事は，数ページから数十ページ程度でまとめられており，特定企業（店舗）の事例紹介や特定人物のインタビュー記事のような図書では扱われにくい限定されたテーマに関する文献も多くみつかる。

　雑誌には書店やコンビニなどで目にする商業雑誌のほかに，学術雑誌や業界雑誌という資料がある。学術雑誌には研究論文が掲載されており，自分が研究するテーマについて，先人がこれまでにどんな研究をしてきたのか（先行研究）を調べるには欠かせない資料である。業界雑誌は業界関係者を対象に編集されているため，業界・企業研究の助けとなる専門的な情報を入手できる。学術雑誌や業界雑誌には一般に販売されていない資料も多いが，これらは図書館を通じて入手可能である。

③新　聞

　出版メディアの中ではもっとも速報性が高く，最新の社会情勢を知るのに適した媒体である。また，新聞はウェブニュースと違い過去の記事も印刷媒体として残るため，学術研究においては発行当時の社会情勢をくわしく知るための基礎資料としても活用される。時事ニュースだけではなく地域情報やコラムなど幅広いトピックが豊富だが，断片的な情報が多いためテーマの全体像をつかむには手間がかかることも少なくない。

④ウェブ

　もっとも速報性が高く時流に応じてタイムリーに情報を発信できるため，特に企業や官公庁の最新情報は公式ウェブサイトを通じて発信されることが多い。また，誰もが自由に情報を発信できるため，図書などの出版メディアよりも多様な意見を拾うことができる。その反面，匿名発信の情報も多いため，内容の信頼性については慎重な判断が必要である。

最近はインターネットで読むことができる図書（電子書籍）や雑誌（電子ジャーナル）も増えている。例えば，図書でしか発行されていなかった白書も，現在はインターネットで全文が無料公開されるなど資料の電子化が急速に進んでいる。ただし，電子化されている資料はまだ一部のみであり，すべての資料がウェブで読めるわけではない。

05-02　文献・資料の検索と入手

❶文献調査のポイント

図書，雑誌，新聞，ウェブといった情報媒体の違いを意識することは，文献・資料を検索するときにも大切である。ウェブで情報を探すにはグーグルなどの検索エンジンを使って探すように，図書を探すには図書の探し方があり，雑誌や新聞から必要な情報を得るための探し方や検索ツールはそれぞれ異なる。よって，文献調査の際にはそれぞれの情報媒体に応じた検索方法や検索ツールを使いこなすことが求められる。「自分が知りたいのはどんな情報なのか？」「その情報はどの媒体で得られそうか？」「そのためにはどんなツールを使えばよいのか？」を意識して探すことが効率よく文献調査を進めるポイントとなる。

❷所属の大学図書館で探す

大学図書館は，世の中にある膨大な資料の中から，その大学に必要と思われる資料を選んで収集し蔵書を構築している。文献調査の第一歩として，まずは所属の大学図書館にどんな資料があるのかを探してみよう。

①書架で探す：ブラウジング

日本の図書館の多くは，日本十進分類法（NDC）によって，図書1冊ごとにテーマを示す数字（分類番号）がつけられ書架に並べられている。図書館の書架で探すには，求める資料のテーマに応じた分類番号の書架へ行けばみつけることができる。この探し方をブラウジングと呼ぶ。

しかし初めて図書館を利用するときは，どの分類番号にどのテーマの資料が並んでいるかがわからないこともあるだろう。また，テーマによっては図書館の中で複数の分類番号や別のコーナーに並べられていることもあるため，書架を直接探すだけでは見落としてしまう資料もある。そのため，次のOPAC（オンライン蔵書目録）もあわせて活用したい。

② OPAC で探す

OPAC（Online Public Access Catalogue の略）とは，図書館の所蔵資料をパソコンから検索できるオンライン蔵書目録である。OPAC を使えば，資料のタイトル，著者名，出版社，

図書の背ラベル

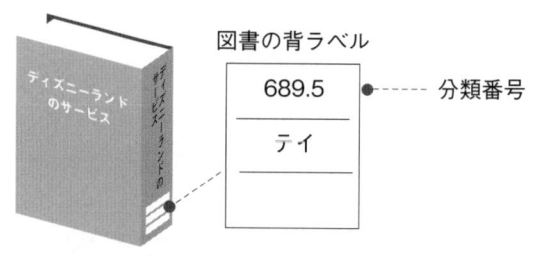

689.5 …… 分類番号
テイ

分類番号のケタ数が増えるにつれてさらに細かいテーマに分類されていく。

0	総記
1	哲学
2	歴史
3	社会科学
4	自然科学
5	技術，工学
6	産業
7	芸術
8	言語
9	文学

60	産業
61	農業
62	園芸，造園
63	蚕糸業
64	畜産業，獣医学
65	林業
66	水産業
67	商業
68	運輸，交通
69	通信事業

680	交通
681	交通政策，交通経営
682	交通史，交通事情，交通地理
683	海運
684	河川，運河交通
685	陸運，道路交通，自動車交通，通運
686	鉄道
687	航空輸送
688	倉庫業
689	観光事業

689.0	
689.1	観光政策，行政，法令
689.2	観光事業史，事情
689.3	観光事業経営，宣伝
689.4	観光地計画，観光開発
689.5	観光地事業
689.6	観光斡旋業，添乗員，ガイド
689.7	会館
689.8	ホテル，旅館，民宿，ペンション
689.9	国民保養施設

図 5-1　書架で探すための基礎知識

件名（図書の内容を示す言葉）などから所蔵資料を検索し，目的の資料が図書館のどこにあるかを簡単に調べることができる。多くの図書館の OPAC は，館内の検索パソコンだけではなく，インターネットにアクセスできる端末であればどこからでも利用することが可能である。

③図書館で資料を探すコツ

書架へ直接行って探すブラウジングと比べると，OPAC で検索するほうが効率のよい探し方に思えるかもしれない。しかし調べようとするテーマについて，自分が知らないことやまだ気がついていない関連テーマの資料は意外と多いものである。このような資料を探すには OPAC 検索よりもブラウジングの方が適している。

図書館で効率よく資料を探すコツは，OPAC とブラウジングをうまく組み合わせることである。とはいえ，高度なスキルは必要なく，OPAC で関連図書をみつけたらその資料と同じ分類番号や近くの分類番号の書架をブラウジングするだけである。仮に OPAC 検索では 1 冊しかみつからなかったとしても，周りの書架をブラウジングするだけで関連資料が 10 冊以上みつかることも少なくない。

❸データベースで探す

本格的な研究調査の際には，世の中の文献を広く網羅的に調査する必要がある。データベースを活用すれば，検索エンジンでは探すことができない資料や所属の図書館にない資料を

も検索することができる。

①図書のデータベース

大学図書館の OPAC はおもに図書を検索するためのデータベースだが，学内にある図書しか探すことができない。より網羅的に図書を検索するためのデータベースとして日本の大学図書館の所蔵資料をまとめて探すことができる CiNii Books (http://ci.nii.ac.jp/books/) がある。

②雑誌記事・論文のデータベース

一般に大学図書館の OPAC では，雑誌の中に掲載されている記事までは検索することができない。とはいえ，膨大なタイトル・巻号が発行されている雑誌を1冊ずつ開いて目的の文献を探すことは，現実的ではない上に，網羅的に調べることは不可能である。しかし，CiNii Articles (http://ci.nii.ac.jp/) を使えば，日本で発行される雑誌の中に，どんな記事や論文が掲載されているかを調べることができる。先行研究調査には欠かせないツールである。

③新聞記事のデータベース

新聞記事データベースは，新聞記事の見出しや本文から目的の資料を検索可能な上に，ほとんどの記事は本文も読むことができる。おもな新聞記事データベースとして，聞蔵Ⅱビジュアル（朝日新聞），ヨミダス歴史館（読売新聞），毎索（毎日新聞），The Sankei Archive（毎日新聞），日経テレコン（日本経済新聞）などがある。ただし，新聞記事データベースの多くは所属大学の図書館が有料で契約しているため，利用できる場所や同時アクセス人数に制限が設けられている。所属大学で利用できるデータベースと利用環境は大学図書館ウェブサイトなどで確認できる。

❹文献・資料を入手する

①大学図書館で利用できるサービス

文献・資料の入手においてもっとも便利な施設が図書館である。図書館では，図書，雑誌，新聞などの印刷資料や DVD などの視聴覚資料を閲覧できるだけではなく，その多くは貸出することができる（貸出中の資料は予約も可能）。また，図書館には文献検索のためのデータベースを利用する端末があり，多くの大学図書館ではインターネットに接続できるパソコンも設置されている。さらに，欲しい情報がうまくみつからないときには，文献・資料検索の専門家である図書館司書に相談することもできる（レファレンスサービス）。

なお，大学図書館の多くは図書館専用のウェブサイトを設けており，利用できる図書館サービスやデータベースを詳しく知ることができる。自分が所属する大学図書館のウェブサイトは必ずチェックしておきたい。

②必要な資料が図書館にないときは

　大学図書館には，自館に所蔵がない文献は，国内や海外の図書館と連携をとって取り寄せることができる相互利用サービスがある。また，必要な資料を図書館の蔵書として加えてもらうための購入希望（リクエスト）サービスを申し込むことができる大学図書館も多い。

③複写サービス：館内コピー機の利用

　図書館に設置されているコピー機は，著作権法第31条にもとづいて設置されており，その図書館に所蔵している資料の一部分に限り複写することが可能である。ノートやプリントなど所蔵資料以外のコピーは禁止されており，利用に際しては図書館員へ事前申請が必要である。そのほかにも一般的なコピー機とは異なる規則があるため，複写サービスを利用するときには必ず図書館員へ確認するようにしたい。

05-03　文献・資料を利用する上でのルール

❶剽窃と引用

　「巨人の肩の上に立つ」という比喩がある。12世紀のフランスの学者ベルナール（Bernard de Chartres）の言葉として，またアイザック・ニュートン（Newton）が書簡中に用いたことで有名だが，近年ではウェブ検索サービスGoogle Scholarのトップページに掲げられてもいる。先人の業績を巨人に喩え，その肩に乗ることでより多くのもの，遠くのものを見ることができる，つまり学問は先人の研究の蓄積の上に成り立つことを指す。

　大学での学びにも当然ながら，先人の研究（作品，著作での主張や解説など）がまず存在する。あるテーマについてこれまでどんな研究がされてきたのか（先行研究）を知り，それらを理解し，反論したり発展させたりもしながら，自分なりの学びの成果としてレポートやプレゼンテーションの形で発表することになる。その際，他人の考えや表現をあたかも自分が考えたかのように扱うこと（「剽窃」という）は厳に慎み，先人に敬意を払いつつその成果を取り込む姿勢が必要とされる。

　例えば自分が提出するレポートの中で，図書などから書き写した他人の文章を使うことは（一部を改変していても）剽窃となる。他人の考えや表現を許可なく，あるいは誰のものか断りも示さず利用してはならないことから，剽窃行為には試験での不正行為と同じく重い処分が下される場合もある。剽窃とならないための方法の一つに「引用」が認められており，日本では著作権法（第32条，第48条）に関連する規定がある。引用をきちんと行うために，以降では文献・資料リストの作成，引用の方法についてみていく。

❷文献・資料リストの作成

先行研究の探索という作業は，一直線に進むことはあまりない。まず調べて，読んでみて考え，別の点から調べ直すというように行きつ戻りつする場合も多く，関連する文献・資料についての情報をリストにまとめつつ進めることが推奨される。文献・資料の収集段階から必要な情報を記録しておき，学びの成果をまとめる段階で参照したり引用したりした内容の出所をきちんと示せるようにする必要がある。

一般に，最低限必要とされる情報は「だれが」「なにを」「いつ」「どこで」の4点である。その具体的な内容は情報媒体の種別などによっても異なってくるが，その他に含むべき項目やどのような順番と書式で書くか，さらに引用と対応づける方法（次項に詳述）については，学問分野ごとに代表的なルールが定まっていることがある。書式例を示した参考書は多数あるので参照するとよい。ここでは，APA（米国心理学会）スタイルにならった日本語での書き方を，一例として紹介しておく。

---

1) 図書　［書式］著者名（出版年）．『書名』出版者名
　　大鐘良一・小原健右（2010）．『ドキュメント 宇宙飛行士選抜試験』光文社
2) 雑誌　［書式］著者名（出版年）．「タイトル」『雑誌名』巻号, 掲載ページ．
　　大向一輝（2014）．「CiNiiのウェブAPI戦略」『情報の科学と技術』64(5), 170–174.
3) 新聞　［書式］著者名（掲載年月日）．「記事タイトル」『新聞名』．
　　勝田敏彦（2011-4-16）．「石巻の手書き新聞 米に展示へ：被災後6日間発行」『朝日新聞』．
4) ウェブ　［書式］著者名（更新年）．「ページタイトル」入手先URL, （閲覧日）
　　科学技術振興機構（2007）．「科学技術情報流通技術基準 参照文献の書き方 SIST02-2007」http://sti.jst.go.jp/sist/pdf/SIST02-2007.pdf, （閲覧日2015-9-22）
　　文部科学省「学校基本調査」http://www.mext.go.jp/b_menu/toukei/chousa01/kihon/1267995.htm, （閲覧日2015-9-22）

- 複数行にわたる場合は，2行目以降の行頭を2字分下げる。
- 著者の署名がない雑誌，新聞，ウェブの記事では，著者名の部分を無署名とする。
- ウェブページには更新年が示されていないことも多いが，わかる範囲で明記する。また，ウェブ上の情報は頻繁に更新される可能性があるため，その情報が閲覧できた正確なURLと，自分が確認した日付として閲覧日を必ず記録しておく。

❸引用の方法

　他人の文章などを引用する際には，次の条件を満たすことが必要である。引用が認められる対象は公表された著作物であり，(1) 正当な範囲で，(2) 引用だとわかるように，(3) その出所を示す情報（「出典」という）を明示して，引用することとされている。

　(1) は，自分の文章（本文）が「主」，引用する他人の文章など（引用文）は「従」となるよう，必要な部分を限定するということである。自分の考えの裏付けのために他人の文章などを部分的に引用することは積極的におこなってよいが，長々と引用文が続いた後に「自分もそう思う」と付け加えるようなことでは主従が逆転しており，正当と認められない。

　(2) は，どこからどこまでが他人の考えや表現で，どこからどこまでが自分の考えや表現なのかが明らかにわかるように，引用文にかぎカッコをつける，あるいは段落を分けて本文との行間と行頭をあけるなどしてはっきりと示すということである。また，原文を正確に写すことが必要で，勝手に加筆訂正したり，改変したりしてはいけない。

　(3) は，引用文の著者名などを書いて出典を明示するということである。これにより原文の著者への敬意を示すとともに，責任所在を明確にし，読み手がそれらの情報によって原文にたどりつき確認（すなわち論拠の検証）ができることを保証する。特にレポート，論文ではこの点は非常に重視される。出典の書き方も，学問分野ごとに代表的なルールが定まっていることがある。提出先（学部や担当教員，論文投稿先など）によって指定があるかどうかをまず確認し，指定があれば正確に従った書き方とする。指定がない場合は，本書や参考書に示された一般的な方法などを参考に，全体が統一された書き方になるようにする。

　ここでは，引用文の直後に著者名，出版年，引用文の掲載ページを簡潔に書き，引用した文献・資料のより詳しい情報を本文の最後にまとめて掲げた「参考文献」の一覧と対応させる方法を紹介する。「参考文献」には文献・資料を著者名順に書くのが一般的である。

（本文）
　この点では，「日本語圏においては一九九五年からネットの『大公開時代』が本格化する」（野村，2003：26）と指摘されているように……

（参考文献）
参考文献
西垣　通（2007）．『ウェブ社会をどう生きるか』岩波書店
野村一夫（2003）．『インフォアーツ論 ─ネットワーク的知性とはなにか？』洋泉社

まとめの課題

①基本課題

1) OPACとは何でしょうか。またOPACを使えば何を調べられるでしょうか。

2) CiNii Articlesとは何でしょうか。またCiNii Articlesを使えば何を調べられるでしょうか。

3) 相互利用サービスとは何でしょうか。

4) 引用を正しく行うには，どのようなことに気をつけるべきでしょうか。

②応用課題

1) 図書館で効率よく資料を探す方法について、「OPAC」と「ブラウジング」という用語を使って説明してください。

2) 次の [1] ～ [4] のような場合には、どの情報媒体にあたればよいでしょうか。またどのデータベースを使って探せばよいでしょうか。

[1] 「ディズニーランド」についてどんな話題があるのか。まとまった資料をみたい。

[2] 「ディズニーランド」の清掃管理について、これまで学術的にどんな研究がされているのかを知りたい。(先行研究調査)

[3] 東京ディズニーランド開園当時の様子をなるべく具体的に詳しく知りたい。

[4] 東京ディズニーランド(株式会社オリエンタルランド)が公表している最新の情報が知りたい。

06 課題を見つける

中島由佳

06-01 問いを立てる

❶チョコレート

　皆さんはチョコレートは好きだろうか。
　これまでに「チョコレートがきらい」という人に，ほとんど出会ったことがない。あるとき，イギリス人男性の誕生日が今日だと知って，急きょチョコレートをプレゼントしたことがある。すると「Why do you know I love chocolate !?」とたいへん驚かれた。それは，「チョコレートが嫌いな人はまずいない」という仮説にしたがって行動したからだ。そして，それが証明されたわけだ。日本人に対する調査でも，チョコレートが嫌いな人の割合は，3%のみだった。
　子どもも大人も女性も男性も，ニコニコとチョコレートを食べるのを見て，ふと考える。どうしてみんな，チョコレートが好きなのだろうか。
　いつもの見慣れた光景。いつも通りの日常。でも，さまざまな問いが浮かぶ。
　チョコレートは，どうしてあんな味なのだろうか。ずっと昔から，あんな味だったのか。最初にチョコレートを作った人は，どうやって作ったのだろう。いろんなお菓子の中で，どうしてチョコレートはどこの国の人もとりこにするのだろう。
　チョコレートのような日常だけではない。自分の心や周りの人との関係でもそうだ。例えば「見た目」って，どれくらい大事なのだろう。
　「目は心の窓」という。心が美しければ，見た目なんてどうでもいいのではないか。でも実際に私たちは，人の「見た目」に左右される。第一印象で，人を判断しがちだ。
　ところで第一印象って，ずっと続くのだろうか。変わるとしたら，どのような時だろうか。印象が変わりやすい人，変わりにくい人ってあるのだろうか……。
　ある現象に対してふと浮かぶ疑問。「なぜ」。「どうして，いつ，どんな，誰が，○○なのか」……。それが，「問いを立てる」ということだ。

❷なぜ，問いを立てなきゃいけないの

　そして，大学の学びではしばしば，この「問い」を自ら立ててそれに答える訓練を伴う。自分でテーマを決めて，あるいは与えられたテーマについて，自分で問いを立て，「たぶんこうなんじゃないだろうか」という予想（これを仮説という）を立てて，本当にその予想が正しいか，調べてみたり，試してみたり，人に聞いてみたりする。本やインターネットで調べる，という作業を度々行う。それは，各授業でのレポートであったり，卒業研究であったりする。

　しかし，なぜ「問い」を立てる必要があるのだろうか。「問いを立てるなんて，面倒くさい。チョコレートが好き。それでいいじゃないか。腹が立つから腹が立つ。理由なんか要らないよ」と思う人もいるだろう。

　「問い」を立てて，それに答える理由。その理由は，それこそ一つではないだろう。人によっても異なるだろう。しかし，その一つとして，「人は生まれつき，知りたがりの面がある」，ということがいえる。子どもは，親から「触ったらやけどするからダメ」といわれても，触ってみたい。自分で触ってみて熱い，ということを確認しないと気がすまない。人に限らず動物は，自分が「なぜ？」と思ったことに答えをみつけたがるものなのだ。「はてな？　なぜだろう」と思ったことを自分で確かめて答えを出す。そうやって人は生まれてからずっと，成長してきたのだ。

　ただし，「自分」が，「なぜ？」と思うことが大事なのだ。与えられた課題が楽しくない場合が多いのは，自分が興味ももっていないのに，答えを考え出さなければいけないからだ。いま，この本，この章を読んでいるあなただって，「なるほど，問いを立てることは大事なのだな」と納得しないと，「問いを立てる」ということに関心をもたないのではないだろうか。「自分が納得する」ということが，人にとっては大事なのだ。そして，「答えを知りたい！」と思えるような問いさえ立てられれば，人はその解決に向かって進んでいけるものなのだ。

❸「問い」の答えを見つけたい

　もう一つは，「人は，自分が行うこと，感じることに理由をつけたがる生き物だ」ということだ。3歳の子どもでも，「人は，お腹が空いたらご飯が食べたい」とか，「お母さんは疲れたから泣いているのかな」など，思っていること，感じていることが行動の理由であることを知っている。もちろん，意識してそういう風に考えるわけではないけれども，因果関係をわかっているのだ。だから私たちが，誰かがその行動をする理由がわからない時，例えば，「どうして国際紛争はなくならないのだろう」という問いを立てて，「恨みからだろうか。資源調達のためだろうか。力の誇示だろうか」と，理由を探る。

　こうして，日常の光景，自分が行うこと，感じることに疑問をもち，興味をもって答えを見い出そうとし，そして答えを知ることによって，私たちの世界は広がり，深まる。何気ない日常を見る目が，変わってくる。

しかし，日常に関する問いならすぐに思い浮かぶのに，授業で課題として出されると，問いは立てにくい。これはなぜだろう。
 一つは，情報量の違いだ。チョコレートに関してならば，毎日見聞きしたり，実際に買ったり食べたりして，ある程度情報の蓄積ができている。しかし，例えば「能楽の発生の起源」についてだと，私たちはほとんど知識がない。そのような場合は，第5章「文献・資料を使うこと」でみたように，図書館を利用してさまざまな本を読んだり，あるいはインターネットで検索を重ねることによって，情報が手元に蓄積されてくる。
 疑問をもつこと，問いを立てること。ふと湧いてくる問いもあるが，それは今までの情報の蓄積があるからなのだ。情報の蓄積があって，「知る」という過程があって，はじめて問いは立てられるのだ。そして，知ることによって，立てられる問いも，より明確になる。「どうしてみんな，チョコレートが好きなのだろうか」という最初の問いも，自分がすでにもっているチョコレートに関する知識を思い出すことによって，あるいは本やインターネットで少し調べてみるだけで，

> - チョコレートのどのような部分が，人をそれほど夢中にさせるのだろう。
> - 好きなチョコレートの種類は，人によって違うのだろうか。性別や年齢によって，好みは異なってくるのだろうか。
> - みんなに好まれる，おいしいチョコレートを作るにはなにが重要だろうか。材料？作り方？
> - チョコレートが好まれる季節ってあるのだろうか。気象条件が，チョコレートの売れ行きにも関係してくるのだろうか。
> - チョコレート好きの作家による「チョコレート」の本など，あるのだろうか……。

などの，さらに明確な「問い」が生まれる。そして，「問い」は明確であればあるほど，その答えも明確なものが見つかりやすいのだ。

06-02 問いを育てる：仮説を立てる

❶問いから解への最短距離は？

 さて，問いを立てるのは，その答えを求めるためだ。さきほどの，「どうしてみんな，チョコレートが好きなのだろうか」という問いも，その答えを求める過程の第一歩だ。
 しかし，私たちは，何かを探す時，答えを求めるときに，やみくもにあちこちと探し回るだろうか。
 例えば，携帯電話が見つからない。そんな時に私たちは，家中，教室中をすみからすみま

で，くまなく探し回るようなことはあまりしないだろう。恐らく，「さっき授業があった教室に忘れてきてしまったのではないか」「そういえば今日は遅刻しかけて，朝から携帯電話をいじっていなかった。ひょっとして，家に置き忘れたのでは？」と，ある程度の見当をつけるのではないか。そして，その「見当」にしたがって，思い当たる場所に戻って探すのではないだろうか。

この，「問い」に対して「見当」をつけること，「ひょっとすると，こうではないか」という仮の答えを考えてみることを「仮説を立てる」という。この「仮説」とは，私たちが問いの答えをみつける際の，いわばガイドライン，コースマップのような役割を果たす。

例えば，「どうすればおいしいチョコレートが作れるだろう」との問いを立てる。Aさんは「よい材料をそろえればよいのではないか」との仮説を立てる。Bさんは「きちんとした調理器具をそろえるのが大事ではないか」との仮説を立てる。Cさんは「上手な人にコツを聞くのが確実ではないか」との仮説を立てる。そして，それぞれの仮説にしたがって，Aさんは「よい材料」を買いに行き，Bさんは「調理器具」を買いに行き，Cさんはお菓子作りが上手な友だちに会いに行く。仮説を立てることは，問いへの答えを導き出す第一歩なのだ。

❷「問い」を育てる：「よい」仮説を立てる

さて，それぞれに「どうすればおいしいチョコレートが作れるだろう」との問いに対する仮説を立てたAさん，Bさん，Cさんは，その仮説を検証するべく行動しようとする。

しかし，Aさん，Bさん，Cさんの仮説は，十分に明確なものだろうか。

①Aさんの場合

例えば「よい材料をそろえればよいのではないか」との仮説を立てたAさん。材料を買おうとして，今のままでは悩むのではないか。そもそも，チョコレート作りの材料には何が必要なのだろう。各材料をどれくらいの割合でミックスするのが一番おいしくなるだろう。そうしてAさんは新たに，「○○社のミルク△△mlと○○社のクーベルチュール△△gを使えば，おいしいチョコレートが作れるのではないか」と仮説を立てなおす。

②Bさんの場合

「チョコレートを作るための調理器具をそろえるのが大事ではないか」との仮説を立てたBさん。Bさんも，器具を買いに行く前に，明らかにしなければならないことがある。どんな器具がいるのだろう。どのメーカーの器具が一番よいのだろう。よい器具で自分にも手の届く価格のメーカーのものはどれだろう。こうしてBさんも新たに，「テンパリングのための温度計は○○社の，成型するための型は○○社のものを使えばおいしいチョコレートを作れるのではないか」と仮説を立てなおす。

このように，問いを明確にすればするほど，よい仮説が生まれる。そして，行き当たりばったりに材料や器具を買うよりも，きちんと調べて明確な仮説を立てて買いに行くほうが，より解に近くなる。つまり，自分も食べてくれる人も満足できるようなおいしいチョコレートが作れる確率が高くなる，ということだ。

そして，ここでも「情報収集」が重要となる。情報がないところによい問いは立たないし，明確な仮説を立てるには，その材料としての情報に多く触れ，知識を蓄積することが，やはり大切となってくるのだ。

❸仮説の棄却

さて，おいしいチョコレートを作るためにそれぞれに仮説を立てたAさん，Bさん，Cさん。立てた仮説が正しいかどうか，実際に確かめてみることを「仮説検証」という。そして，この3人の場合は，実際に仮説に従ってチョコレートを作り，食べてみることだろう。最初からおいしいチョコレートが作れるかもしれない。でも，例えばAさんは，よい材料を揃えただけでは，その材料をどう調理するかについての知識がなくて，思ったよりもおいしいチョコが作れなかったかもしれない。Bさんも，道具だけは揃えたけれど，その使い方について正しい知識をもっていなかったために，思ったよりもおいしくなかったかもしれない。Cさんも，お菓子作りの上手な友だちに，材料や器具，作り方についてしっかりと教わったかもしれない。でも，細かいコツまでは，実際に作ってみるまでわからなくて，やはりあまりおいしいチョコが作れなかったかもしれない。

このように，問いに対して「こうすればよいのではないか」などと立てた仮説がうまく行かないことを「仮説が棄却される」という。しかし，この「仮説が棄却される」ことは，決して悪いことではない。いまの仮説のままではうまく行かないことが，実際にチョコを作ってみてわかったのだ。そのように，実際に作ってみた＝「仮説検証を行ってみた」結果を新たな情報として取り入れて，仮説を立てなおせば，うまく行くかもしれない。Aさんたちも，例えば「もっと細かく材料を刻んでおけばいいのでは？」「よい器具があっても思った以上に温度調節は難しいから注意が必要なのでは？」などと，元の仮説をさらによいもの，明確なものにしてチョコレートを作れば，1回目よりもずっとおいしく作れるはずだ。

そして，より少ない試行錯誤で，よりよい仮説にたどり着く方法がある。協同すること，つまり「グループ・ワーク」だ。「三人寄れば文殊の知恵」ということわざがあるが，それぞれがもっている情報を基に，それぞれが立てた仮説について検討して，よりよい仮説を立てる。足りない情報は手分けして収集する。Aさんが材料の重要さ，Bさんが器具の重要さ，Cさんが手順の重要さを仮説として披露するとともに，それぞれの仮説に弱いところはないか，情報をさらに集めつつ検討する。詳しくは第8章「協同すること」を読んでいただきたいが，協同することで，よりよい問い，よりよい仮説を立てることができ，検証もスムーズになるのだ。

06-03　自分の研究テーマや課題をみつける

❶研究課題の見つけ方

　ここまで，チョコレートを例に，話を進めてきた。しかし，大学の授業の課題や研究における問いの立て方，仮説の立て方，そして仮説の検証も，チョコレートの作り方と，基本的には変わらない。「おいしいチョコレートを作る」という製菓分野における仮説検証の方法を他の分野に応用すればよいのだ。

　問題はむしろ，「どのような研究テーマ，研究課題をもてばよいかわからない」ということだろう。自分が何に興味があるかわからなければ，問いも仮説も立てられない。大学にきた目的が漠然としていればいるほど，問いも仮説も見つけにくいし，見つける意欲もわかないだろう。そのようなとき，次の三つの方法が役に立つのではないだろうか。

　一つ目は，何が学びたくてこの大学に入ったのか，自分に確認してみることだ。大学に来た目的は何なのか，自分はなぜその学部に所属したのか，どのような学びがしたいのか，自分の心に問うてみよう。学びたいことは一つだけではないかもしれない。「ブレイン・ストーミング」といって，自分の思いつくことをノートに書き出してみる。誰に見られるわけでもないから，「こんなことを書いては不まじめなのでは？」などと思わずに，思いつくままに，ノートに考えを書いてみよう。文章でもいい。図にすれば，断片的な考えの関係がわかりやすくなるかもしれない。

　二つ目は，当たり前のようだが，「面白そう」と思う授業に出てみることだ。例えば，心理学に，史学に，英米文学に興味をもっているのだとしたら，シラバスを読んでみて，「面白そう」の予感のする授業に出てみよう。講義を聴く中で，心理学のどの分野に自分は興味をもっているのか，史学ならばどの時代のどのようなできごとに興味をもっているのか，英米文学ならば，どの作家の作品が面白いと思うのか，自分の中のさらに奥にある興味の引き出しが見つかるかもしれない。興味をもつことができれば講義を聴くのにも身が入る。しっかりと勉強できて，結果もついてくるのではないだろうか。

❷自分に引き寄せる，自分が入り込む

　そして「研究課題の見つけ方」の三つ目は，自分が日常でふと疑問に思ったことを研究テーマにまで高めることだ。例えば，この章の初めの部分の，この文章にもう一度注目してみよう。

> 　子どもも大人も女性も男性も，ニコニコとチョコレートを食べるのを見て，ふと考える。どうしてみんな，チョコレートが好きなのだろうか。

これを自分の専攻分野に引き付けて問いを立てると，例えば心理学ならば，「イライラすると甘いものが欲しくなるというけれども，ストレスの度合いとチョコレートの消費には，関係があるのだろうか」という問いが立てられるかもしれない。マーケッティングならば「どのような季節にどのような種類のチョコレートを売り出せばよいのだろうか。味は？ラッピングは？価格は？」という問いが立てられるかもしれない。

　別に，チョコレートに関する研究だけではない。「人とペットの関係のあり方」であっても，「西洋のゴーストと日本の幽霊との相違」であってもそれは変わらない。また，論文を書くような授業だけでなく，建築設計であっても，よいマンガの書き方であっても同じだ。よい作品を制作するには，いわゆる「コンセプト」と言われるような，自分の「問い」を作品として答えに表す作業を行う必要がある。

　この，研究課題の発見に至る三つのアプローチをまとめると，図6-1のようになる。「自分の研究テーマや課題を見つけるには」の問い自体が既に，仮説検証型の問いとなっているのに，皆さんはお気づきだろうか。

　自分が「面白いなあ」，「気になるなあ」と思った問いを膨らませることができたら，それを自分の研究テーマ，研究課題にしてもよいのではないだろうか。そして，自分が興味を持って，大学生活の中で，一つは解明したいと思う問い。そんな問いが，卒業研究へとつながっていくのだ。

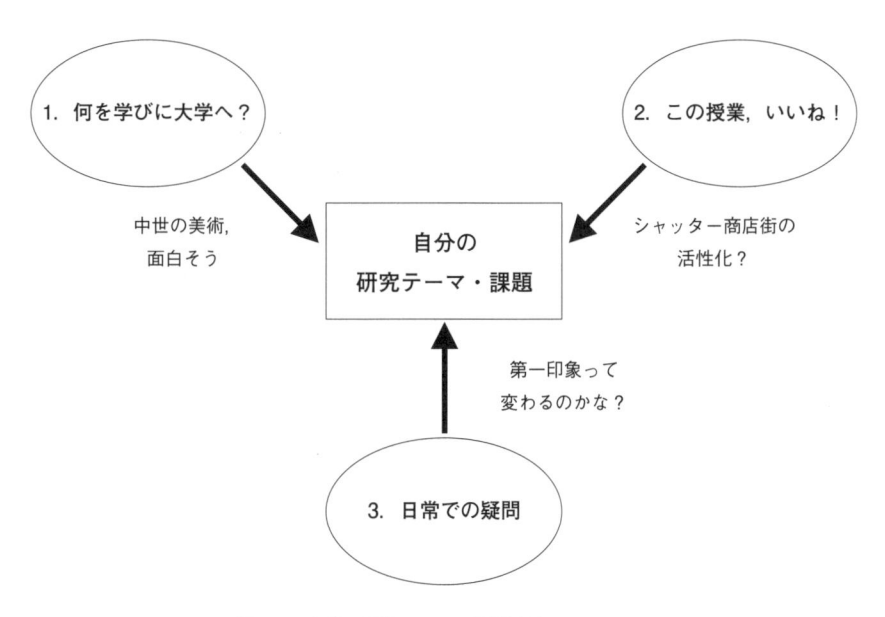

図6-1　自分の研究テーマ・課題を見つけるには

❸なぜ「大学で仮説検証」なのか

　日常で浮かんだ疑問や講義で抱いた興味。それを学術的問いに育て，仮説を立てて，検証する。

　大学では，PBL（Problem Based Learning）という形で，頻繁にこの仮説検証のトレーニングが行われる。第3章「大学で学ぶための準備」でも触れられているが，「自ら問いを立てて自ら検証する」ことが，高校までの学びと大きく違うところだ。

　しかし，どうしてそのような「仮説検証」のトレーニングを大学では頻繁にするのだろう。

　その大きな理由が，論理的に物事を考えるスキルを身に着ける，ということだ。感情や思い込みの裏にある真実を見極めるために，私たちは問いを立て，仮説検証をすることが必要なのだ。

　批判をされると腹が立つ。しかし，問いを立てて考える。「なぜ腹が立つのか。言い方に腹が立つのか。その人自身がきらいだから腹が立つのか。ひょっとして，自分でもわかっている欠点を指摘されたから？」。そして，自分の心の中にあるさまざまな可能性（仮説）に従って，自分の行動を変えてみる。

　「選挙に行って一票投じたところで政治なんて変わらない」という意見。しかし，問いを立てて考える。「本当に，選挙に行っても日本の政治は変わらないのか。どのような理由で変わらないのか。選挙に行く人は，ではなぜ行くのか。選挙にいくと日本の政治が変わる可能性もあるのか？」そして，さまざまな情報から，もっとも適当だと思う意見（仮説）に従って，投票に行くかを決める。

　どのような商品を買い，どのような意見を支持しても自由だ。しかし，感情や周囲の風潮に流されることなく，巷で流布している情報が本当に正しいのか見極めるために，問いを立て，仮説を検証することは大事なのだ。自分独自の考え方で，物事を判断するために。偏りのない結論を出す技術を身に着けるために。どのような結論が出ようとも，自分でそれに納得するために。自分らしい人生を生きるために。

06-04 大学生活を仮説検証の場にしよう

　そして，4年間の大学生活は，自分の可能性を知るための仮説検証の繰り返しだ。自分について仮説を立てて，それを検証することで，私たちは自分をよりよく知ることができる。

　色々な経験をして，時折り立ち止まって問いを立てる。自分は何が好きで何が得意なのか。自分はどのような失敗をしがちなのか。自分がうまく行くときはどのような時なのか。どのような場合に良くない成績を取ってしまうのか，仮説を立ててみる。

　あるいは，どのようなときに対人関係がうまく行かなくなるのか，仮説を立ててみる。「自分は時々，おせっかいが過ぎるのではないか。人との距離を保つことも大事なのではないか」。「優しいことは，ほんとうにいいことなのか。かえっていいように利用されているだけの面もあるのではないか」。

　立てた仮説通りに行動してみてうまく行くことも行かないこともあるだろう。うまく行かない時は，うまく行かなかった情報も加えて，分析して，さらに仮説を立てて検証してみる。

　失敗の許される，社会に出る前の大学生活で，このような仮説検証を繰り返して，「自分」を知ってほしい。4年間ある大学生活の本当の意義は，そこにある。

【引用・参考文献】

速水敏彦・橘　良治・西田　保・宇田　光・丹羽洋子（1995）．『動機づけの発達心理学』有斐閣

リサーチバンク（2013）．「チョコレートに関する調査。チョコレート，77%が「大好き」「好き」。」
　〈http://research.lifemedia.jp/2013/04/130424_chocolate.html（閲覧日：2016年1月11日）〉

Harlow, H. F.（1950）．Learning and satiation of response in intrinsically motivated complex puzzle performance by monkeys. *Journal of Comparative and Physiological Psychology*, **43**, 289-294.

Ryan, R. M. & Deci, E. L.（2000）．Self-determination theory and the facilitation of intrinsic motivation, social development, and well-being. *American Psychologist*, **55**, 68-78.

Stein, N. L., & Levine, L. J.（1989）．The causal organization of emotional knowledge: A developmental study. *Cognition and Emotion*, **3**, 343-378.

まとめの課題

①基本課題

以下のいずれかの言葉をキーワードとした「問い」を立ててみましょう。問いを立てるにあたっては，文献や資料，ウェブなどから情報を得て，より明確な問いを立ててください。

> ・幸福感　・マンガ　・ファッション　・温暖化　・活火山　・歌舞伎
> ・ディズニーランド　・再稼働　・大理石

②応用課題

1) 基本課題で立てた「問い」について，情報に基づいた明確な仮説を立ててください。

2) 1) で立てた仮説を検証するには，どのような方法を取ればよいでしょうか。
[1] 検証の方法（実験，制作，調査など）

[2] どのように検証を進めていけばよいでしょうか。

コラム③　目の前のことを淡々と粛々と

森元伸枝

「どうすればものごとはうまくいくのだろう」。

自分の過去を振り返り，あの時こうすべきだったとか，あの時こうしておけばよかったなどと思いあぐねる。そういうことをするときは，今がうまくいっていない証拠である。うまくいっていない要因を探って反省しようとしている素振りを見せながら，実は言い訳を探している。たいていの場合，「あの時は仕方がなかった」「あの時代だったから」とか「あの世代はみんなそうだったから」などと周りの責任にするのである。そして自分を正当化して少しホッとする。

ホッとしながらも，後味が悪い。本当の理由もわかっているからだ。過去も現在も一貫して「やるべきこと」「やりたいこと」がわかっていない。そのため，何をやっても情熱をもって真剣に取り組めないのである。とはいうものの，何もしていないわけではない。自身の持つ可能性に期待しながら何かと挑戦する。ところが，真剣さが足りないので緻密さが欠けてしまう。そのため，挑戦する多くが空回りするのである。ある時は，自分の能力や自分の周りの環境など顧みず，「できる気がする」という不確かな感覚からうまくやろうとして「もがく」。ある時は，やりたいことの選択の多さから「もがく」。最近のメディアやネット社会には，面白そうな，心惹かれる情報があふれている。種類の多さと，いかにも手に届きそうな雰囲気から，幸せの選択は無限にある気がする。そのため，ちょっとつまずくと「これは合わない」と早々に判断し，次々と新しいものに手を出す。あれもこれもと闇雲に手を出し，結局どれも中途半端で十分な満足を得られず，「もがく」のである。「もがく」から空回りをする，空回りするからうまくいかない，うまくいかないから「もがく」……負のスパイラルに入ってしまう。

もちろん「もがく」ということは，一生懸命何かを得ようとするのだから，うまくいくこともある。しかし，ものごとがうまくいくときの多くは，一生懸命もがいている時ではないことを最近知った。「思いもよらない幸運が舞い降りた」という喜びを感じるときは，意外なことに，目の前に起こっていることを日々淡々と粛々とこなしているときに突然やってくる。それも日常どこにでもあり，誰にでもできる単純で簡単なことに対して黙々とやっているときである。

ふと気づくと，目の前のできごとを日々淡々と黙々と粛々とやることに「もがいている自分」がいる。

07 論文・レポートを書くこと

石上浩美

07-01 感想文・論文・レポートの違い

　大学での学びにおいて求められる論文やレポートには，感想文とは異なり，アカデミックな視点と書き方（アカデミック・ライティング）が求められる。そこで，以下では論文やレポートと感想文の違いについて整理する。

❶感想文とは

　感想文とは，個人的な体験や日常的なエピソードなどに対して，自分が感じたことや疑問に思ったことなどを，そのまま言葉で表現したものである。代表的なものとしては，日記やエッセイ，読書感想文などであり，FacebookやTwitter，LINEなどのSNS（social networking service）などの書き込みもこれにあたる。これらにおいては，言葉だけではなく，いろいろな記号も活用でき，大学生にとっては，身近な文脈であるといえる。

❷論文とレポート

　論文とレポートに共通する点は，あらかじめ何らかのテーマやアカデミックな問い，課題が設定されているところにある。つまり，「問題が提起してあり，その解答が与えられていることが，レポート・論文たり得る最も基本的な要件であり形式」（河野，2012：7）である。
　論文やレポートを書くためには，まずテーマを明確にする必要がある。あらかじめ与えられたテーマがある場合は，それに関連する先行研究（一般書・雑誌・新聞記事など）を絞り込み，批判的に読むこと（☞第4章）からはじめるとよいだろう。それは，先行研究の中には，そのテーマについて，すでに誰かが明らかにした答え（結論）や，まだ明らかにはなっていない問い（今後の課題）が，多数示されているからである。それらを整理することによって，「自分なりの学問的な問い」がより明確になり，論理を組み立てやすくなる。仮にテーマが曖昧な場合であっても，先行研究を網羅的に読み進めることによって，「自分なりの学問

表7-1　論文とレポートの違い

レポート	あらかじめ定められたテーマや課題についての情報を集め、それらについて調査・考察した結果を論理的で簡潔にまとめた報告書
論　文	先行研究から示された結果や考察・課題などをふまえて設定した「自分なりの学問的な問い」についての実証的な研究成果を論理的にまとめた一定量のある文章

的な問い」を見つけ、それを育み、答えを明らかにするためのヒントを得ることができる。

　テーマが決まり、ある程度先行研究の整理ができれば、次は、論理的な骨組み（以下アウトライン）をつくり、それに沿って書き進める。このような手順をふみながら、自分の問いを深め、何を明らかにしたいのかを考えながらまとめた文章が、大学生に求められる論文やレポートである。ただし、論文とレポートには、表7-1のような違いもある。これらを念頭に置きながら、課題の要求が何かを考え、判断してから書き始めることが望ましい。

　大学入学当初の時点では、まず、レポートを書くための基本的な型を学び、論理的な文章を書くためのトレーニングを積み重ねる必要がある。次に、自分が書いた文章を何度も読み直し、修正する習慣を身につけることが望ましい。さらに、担当の教員からの指導やゼミの先輩・仲間などからの助言を受けながら、再度修正することが、より論理的で完成度の高いレポートを完成させることにつながる。このような作業を繰り返すことによって、誰でも、一定水準のアカデミック・ライティングスキルが身につくだろう。

　論文やレポートには、必ず読み手が存在している。書き手にとっては、その内容は熟知しているつもりの文章であっても、読み手にとっては、よくわからない文脈や表現になっていることもある。自分ではしっかりと書いたつもりであっても、時には、批判的な指導や助言を受けることもあるだろう。その場合は、謙虚な姿勢で耳を傾け、もう一度自分が書いた論文やレポートと真摯に向き合ってほしい。それが、後述するアカデミック・ライティングを習得するための秘訣である。

07-02　アカデミック・ライティングのための準備

　アカデミック・ライティングとは、課題レポートや発表レジュメ、報告書、卒業論文など、大学での学びにおいて求められる、論理的な文章の書き方である。ここでは、レポート課題を作成する場合と論文を執筆する場合に分けて、アカデミック・ライティングのために準備しておきたいことについてまとめる。

❶大学の授業レポート課題を執筆する場合

　レポート課題では、択一式のテストとは異なり、題意をふまえた上で、「唯一無二の正解が

ない問い」についての答えを求められる。ある課題について，自分がどのように理解し，問いを設定し，その答えを見つけるためにどのような努力をしたのか，問いについて論理的に探求し，どこまで明らかにできたのか，といったことが，読み手にわかるように作成しなければならない。そこで，レポートを書き始めるために準備しておきたいことを示す。

①題意を把握する
　レポート課題には，あらかじめ出題者が定めた題意（問い）や答えがある。レポートを作成するためには，まず，題意は何か，それにはどのようなレベル・内容が求められているのか，その答えにたどり着くためには，どのような方法や手順をふめばよいのか，といったことを考え，把握する必要がある。

②仮説を立てる
　レポート課題の題意に対して，あらかじめ自分なりの予測（仮説）や答え（結論）があれば，それに沿って，レポートのアウトラインを作ったり，情報や文献資料を集めたりしやすくなる。この場合の仮説は，素朴なものや抽象的なものであってもかまわない。テーマによっては，仮説が立てにくい場合もあるが，その場合はテーマに関する文献を網羅的に読みながら，自分なりの予測や見通しを考えよう。

③情報を収集・整理する
　テーマに関連する文献や，仮説の根拠となりそうな情報（文献・資料など）を集め・分類・整理する。テーマによっては，何らかの調査や実験が必要な場合もあるかもしれない。これらの情報を整理するためには，文献カードや調査・実験記録ノートを準備しておくと，レポートを書くときの材料（基礎資料）となる。まずは，できるだけ多くの材料を集めることから始めよう。

④アウトラインをつくる
　レポートを作成するための準備の中でも一番大切なことは，レポート全体のアウトラインをつくることである。アウトラインとは，材料（基礎資料）を並べ，そのおおまかな配置（目次・章立て：序論・本論・結論など）を決め，レポート全体の構成の骨組みとなるストーリーである。この時点でもう一度，題意と仮説が論理的につながりそうかどうか，収集した文献や情報がその根拠となり得るかを検討してみよう。

❷学術的な論文を書く場合

　一般的に論文とは，学術的な何らかの新しい発見や価値が見出されるものであると考えられている。そのため，論文には，「自分なりの学問的な問い」が，必ず求められる。それは，

上記「①題意を把握する」に相当する作業である（☞第6章）。

　大多数の学生が，はじめて論文を書こうとするときに，最初につまずくのは，この「自分なりの学問的な問い」を立てることである。それは，誰かから与えられるものではない。日常生活の中には，さまざまな形で発信される情報があり，それに対して，いろいろなレベルの疑問や問いが生まれる。その中から，大学で学ぶ「学問的な」情報となり得るものを選別することが，論文には求められる。そして，誰もが納得できそうな，公共的・普遍的な「問い」と「答え」を持ち得るかどうか，というのが，「自分なりの学問的な問い」となるための一つの基準である。すなわち，「自分なりの学問的な問い」とは，自分がすでにもっている知識や，それまでに学んできた事柄を基盤とした興味・関心に根差した問いであり，反証可能性をもった問いである。このような問いは，自分のテーマに関連する先行研究を批判的に読むこと（☞第4章）によって生じる場合もあるが，なかなかみつけにくいものである。その意味では，自分で自分にレポート課題を課し，題意を設定することになる。「自分なりの学問的な問い」をみつけることが，論文を書くための必要十分条件である。

　この段階が，論文の執筆において一番苦労する最初の山であるが，これを乗り越えることができれば，あとはレポートを書く場合とほぼ同様に，前項の②から④についての準備を行えばよい。ここで重要な働きをするメタ認知についての詳細は第12章で後述するが，一般的には，自分の通常の認知（知覚・記憶・思考など）を対象化し，より高次な水準で捉え，理解しようとする心の働きを指す。アカデミック・ライティングの習得は，すなわちメタ認知的な活動そのものである。

07-03　論文・レポートの執筆と推敲

　論文やレポートを書く準備が整い，実際に書き始めてみたものの，なかなか自分が思っているようにうまく書けない，進まない，字数が足りない，といった相談を学生から受けることはよくある。ここでは，論文やレポートの執筆と推敲について述べる。

❶アウトラインの確認

　アウトラインは，まず論文やレポート全体の構成（アウトライン構想）を考えることから始まる。次に「問い」と「答え」が，論理的につながるかどうかを再確認する。この段階で，これまでに集めた材料（基礎資料）の中から，論文やレポートの全体的なストーリーからやや遠いものや外れるような材料を取捨選択し，筋道の通った論理が組み立てられるように整理した，おおまかなアウトラインメモを作成し，再構成した流れ（章立て・目次）をつくる。それをさらに磨き上げた（ブラッシュアップ）ものが，アウトラインである。一般的には，「序論・本論・結論」や，漢詩の絶句の形式にある「起・承・転・結」などの章立てや目

次となる。

　アウトラインは，論文やレポートを書き進めるための「道しるべ」であり，論点が本筋からずれないようにするためのセーフティーネットである。ただし，最初に作ったものがそのまま使えるとは限らない。論文やレポートの執筆が進むにつれて，新しい発見や情報を加筆する場合もある。そのため，適宜修正する必要が生じる。その一方で，アウトラインなしでは，途中で書かなければならないことがわからなくなってしまい，うまく書き進めることができないこともある。このようなことにならないためには，まず，アウトラインメモをつくり，それをブラッシュアップすることが望ましい。以下に，アウトラインの概要（表7-2）とサンプル（表7-3）を示す。

表7-2　アウトラインの概要

【序章・第1章（はじめに）】
論文やレポートにおけるテーマと問いを明確にし，仮説の設定，問題提起や問いに対するアプローチの方法，次章以降の展開についての予告などを述べる。
【第2章（本論1）：自分のテーマについての説明】
自分のテーマについての先行研究（参考文献・資料）を複数あげ，テーマについての事実や現状の説明を行う。また，問いや仮説に対するさまざまな立場による主張（意見）を述べ整理してもよい。ここではまだ自分の主張や，先行研究の主張についての優位性などには触れない方がよい。
【第3章（本論2）：自分のテーマに関連する具体的なトピックの説明と焦点化】
前章までに設定した自分の問いや仮説についてさらに掘り下げ，テーマに関連するさらに具体的な事実やトピック（話題や項目）について説明し，論点を明確にする。
【第4章（本論3）：立論とその根拠】
自分の主張から立論を行う。立論は，主張と根拠（理由と証拠）の提示によって行われる。さらに，立論を強固にするために自分の主張とその代替案（異論）を比較検討し，自身の主張が優れていることを示したり，自分の主張に批判や反論を加えたうえで再反論したりすることで説得力を高めてもよい。
【第5章（結論）】
論文やレポート全体において，これまで何を論述してきたかを簡潔に述べ，最終的な結論がどのようなものであるのかということを，明確にまとめる。最後に論文全体を第三者的に評価したり，本論で論じることができなかった課題や問題点について触れたりする場合もある。

表7-3　アウトラインサンプル

【テーマ：道徳教育】
タイトル：中学校「道徳」はどのように教えることができるのか
第1章　序論
第1節　問題
第2節　目的
第2章　本論1（中学校道徳の位置づけと教育課程）
第1節　道徳性とは
第2節　道徳性の発達
第3章　道徳教育の現状と課題
第1節　本論2（中学校道徳教育の目的・目標と指導計画）
第2節　「道徳」の内容と指導上の留意点
第3節　「道徳」の学習指導案づくり
第4章　本論3（「生きる力」をはぐくむための道徳教育）
第1節　「生きる力」と道徳教育
第2節　道徳教育の指導とこれからの教師のあり方
第5章　結論

石上（2014）より著者作成

❷論文・レポートにふさわしい表記・表現，文章構成について

　論文やレポートを執筆するためには，論文やレポートにふさわしい「書き方（アカデミック・ライティングスキル）」を身につける必要がある。以下，その一般的なルールについてまとめる。

①文末は常体にする
　作文や感想文，エッセイでよく使われる「です・ます」調は敬体という。一方，論文やレポートでは，「……だ。……である」調の常体文末にする。それは，論文やレポートには，客観的で反証可能性をもった問いとその答えが求められるためである（☞ 68 ページ）。

②書き言葉を使う
　日常的な対話や友達との LINE やメールでのやり取りでは，話し言葉・俗語・略語・記号（含顔文字）が用いられることが多々ある。しかし，論文やレポートでは，これらは厳禁である。それは，大学での学びには，論理的な文章を書くことが求められており，それにそぐわない表記・表現は不適切であるためである（☞ 65 ページ）。

③主観的な感情表現は用いない
　作文や感想文ではよくある「私は……だと思います」「私は……だと感じました」といった表現は，個人的な感情や主観に基づいた表記・表現である。これらは上記②と同様，論文やレポートでは厳禁である。自分の意見や考えを述べる場合は，「私は○○の理由で□□だと考える」といった表現にする。

④誰が読んでもわかりやすい文章にする
　日本語の文章構成単位は，文章（複数の段落の集まり），段落（複数の文を内容によって分けたまとまり），文（句点から句点までのまとまり），文節（1 文を有意味なまとまりで分けたもの），単語（文節をさらに分けた言葉の最小単位）の 5 つに分類される。誰が読んでもわかりやすい文章とは，(1) 1 文の長さは短め，(2) 主語と述語，修飾語と被修飾語が呼応している，(3) 接続詞が適切に配置されている文章である。このような口語文法の基礎知識を念頭に置きながら書き進めるとよい。

⑤事実と意見は別パラグラフ（paragraph）にまとめる
　事実とは，「自然に起こる現象や自然法則，過去に起こった，人間の関与した事件」そのものであり，「ほかの人の発言をその人の発言としてそのまま伝える場合，また他の文献の中の記述をその文献の中の記述としてそのまま伝える」（木下，1981：104）ことである。一方，

意見とは，「推論や判断，あるいは一般に自分なりに考え，あるいは感じて到達した結論の総称」(木下，1981：105) である。

　論文やレポートでは，事実と意見は別パラグラフで構成することが基本である。パラグラフとは，広い意味では「長い文章の一区切り」であり，「内容的に連結されたいくつかの文から成り，全体として，ある一つのトピック（小主題）についてある一つのこと（考え）を言う（記述する，明言する，主張する）もの」(木下，1981：61-62) であり，日本語文章構成における節や意味段落にあたる。一つのパラグラフの中には，ある一つの話題について関連性のある複数の文（センテンス：sentence）が含まれ，その中核的な部分を1文で表したものが，トピックセンテンス，またはキーセンテンスという。一般的に，キーセンテンスをパラグラフのはじめと終わりに配置すると，わかりやすい文章になる。

⑥引用は適切に

　引用とは，「自説を補強するために自分の論文の中に他人の文章を掲載しそれを解説する」ことである（文化庁，n.d.）。他人の文章を一字一句そのまま書くこと（直接引用）だけではなく，他人の文章の中にある図や表を転載することも，引用に含まれる。先行研究の引用は，自分の論拠を補完するためのものであるが，その出典を明示しなければ，剽窃になる（☞ 48ページ）。また，数ページにわたる引用は，いわゆるコピペ（Copy and Paste）であり，論文やレポートの執筆では，絶対にやってはいけないことである。引用文献・参考文献の書き方は，研究領域・分野によって違いはあるが，第5章を参考に，担当教員の指示に従って記述するようにしよう。

❸論文・レポートの推敲

　論文やレポートを書きすすめ，ある程度ゴールがみえてきたら，自分の文章を自分で読み直したり，他の人からの助言や指導を受けたりすることが多くなる。自分の文章について一番よくわかっているのは自分自身であるが，自分では気がつかない見落としや省略もあり得る。そのため，できれば複数の人たちの眼でチェックすることが望ましい。

　このように，よりわかりやすい論文やレポートに仕上げるために加筆・修正する作業を推敲という。推敲は，最終原稿を提出する前に，細心の注意をはらって，何度も何度も繰り返し自分の文章と向き合うことであり，論文やレポートの完成度を高めるためには必要不可欠な作業である。

　一方，印刷された原稿の誤字脱字や文法上の誤りなど，主に表記上の修正を行う作業は校正という。表7-4に校正・推敲のためのチェックシートのサンプルを示すので，参考にしてほしい。

表 7-4　構成・推敲のためのチェックシート

【(1) 表記・表現など】
□文末に「です・ます」を用いていないか
□話し言葉，俗語，顔文字などを用いていないか
□文末に「思う」「感じた」などを用いていないか
□一文の長さは適当か（長すぎないか）
□主語と述語の呼応，修飾・被修飾関係，接続詞などが適切なものになっているか
□誤字・脱字・衍字（不要な文字の混入）やワープロの誤変換がないか
【(2) 形式・体裁など】
□字数・書式・レイアウトは指示された通りになっているか
□引用・注の書き方は適切か
□表紙には，必要なこと（科目情報・担当教員名・題目・学籍番号・氏名等）が書かれているか
□ページ番号，図・表には通し番号と説明（キャプション）が書かれているか
□提出用の製本は指示された通りにできているか
【(3) 構成・論の展開】
□アウトラインは適切か
□適切なパラグラフや段落で構成されているか
□事実と意見が別パラグラフで構成されているか
□明確な問いが設定されているか
□問いに対する仮説や答えが明示されているか
□論理性の基盤となる根拠が示されているか
□論理に一貫性があるか
□論理に独自性があるか
□論理に今後の発展性があるか

07-04　論文・レポートの発表

　論文やレポートが完成したら，抄録（summary/abstract）を作成し，提出・投稿したり，口頭で発表を行ったりする（プレゼンテーション）。プレゼンテーションとは，「人前で自分の調べたこと，考えたことなどを資料やポスター，プレゼンテーションソフトなどの視覚的な情報を活用しながら発表すること」（山田・林, 2011：214）である。詳細は第 12 章で述べるが，論文やレポートの執筆，プレゼンテーションにおいても一番大切なことは，読み手や聞き手を意識し，メタ認知を働かせながら進めることである。

【引用・参考文献】

石上浩美（2014）.「中学校「道徳」はどのように教えることができるのか」『大手前大学論集』15, 1-15

木下是雄（1981）.『理科系の作文技術』中央公論社

河野哲也（2012）.『レポート・論文の書き方入門 第3版』慶應義塾大学出版会, p.7

文化庁（n.d.）.「著作権なるほど質問箱」〈http://chosakuken.bunka.go.jp/naruhodo/reference.asp（閲覧日：2015年10月1日）〉

山田剛史・林 創（2011）.『大学生のためのリサーチリテラシー入門—研究のための8つの力』ミネルヴァ書房

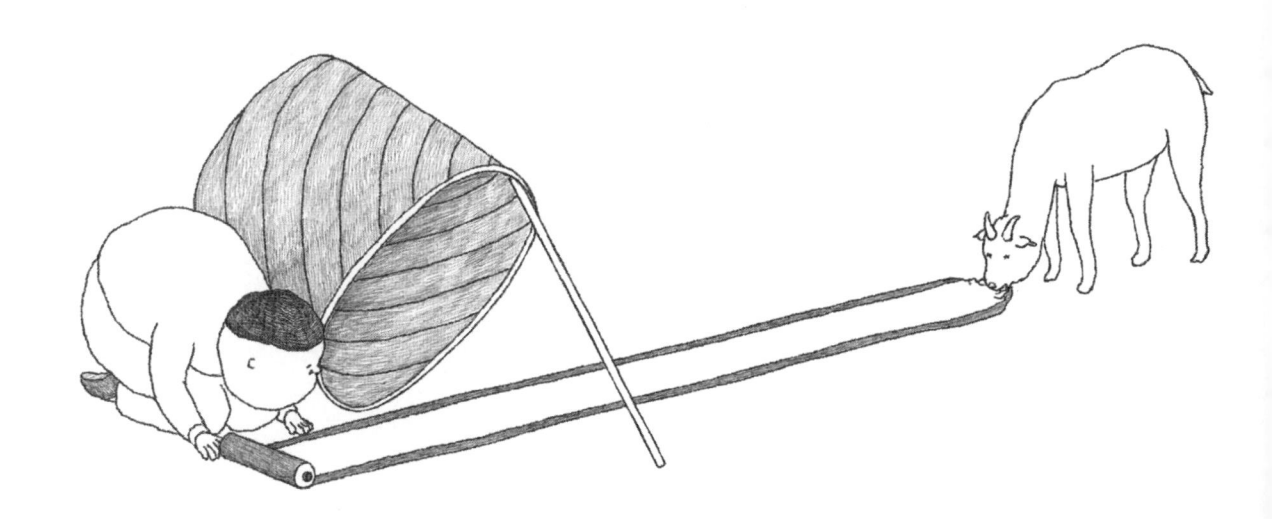

まとめの課題

①基本課題

1) 論文・レポート・感想文の違いは何か，簡潔にまとめてみましょう。

2) アカデミック・ライティングのために事前に準備しなければならないことをまとめてみましょう。

3) 論文やレポートの推敲で注意しなければならないことはどのようなことかまとめてみましょう。

②応用課題

1) あなたが研究しようとするテーマについて「自分なりの学問的な問い」を立ててください。

2) アカデミック・ライティングはメタ認知的活動であるといえるのはなぜか考えてみましょう。

3) 論文やレポートでは，コピペは厳禁です。それはなぜなのか，考えてみましょう。

コラム④ 『君たちはどう生きるか』

平川大作

　私が大学生1年生を過ごしたのは九州大学の六本松キャンパスだった。なにかのクラブに入ろうと4月に集中的に開催される各種の勧誘イベントをそぞろ歩いたり，教員の研究室フロアに立ち入って緊張感を肌で実感したり，運動場を囲む高いフェンスに争うように掲示されている立て看板やポスターの類に圧倒されたり，今，記しはじめると28年前の記憶が新鮮に甦ってくるようだ。時は昭和の最後の年，正月を越えて間もなく元号が平成となることなど考えもしていなかった。

　授業の名前はよく覚えていないが，少人数の大学1年生向けの導入的な教育目的を掲げた必修クラスで，担当は確か法学関連の高齢の先生だったはずだ。鮮明に甦ると述べたすぐにこの調子では困るが，記憶の鮮明さはあくまでピントが合うところに限られるわけで，その授業の記憶ではクラスで使用されたテキストに焦点が絞られている。岩波文庫，吉野源三郎著『君たちはどう生きるか』。今でも簡単に手に入る古典的なテキストだが，さてそのテキストを選択したのは担当の先生なのか，あるいは別のところで決まったことだったのか。

　その授業の冒頭で，その先生が「いや，こういう専門外の授業をやれと言われてもね」と困惑気味に語っていたことをうっすらと思い出す。18歳のわたしは，必修だから仕方なく出席しているが，そんな気持ちの教員につきあわなくてはいけないなんて，こっちだって困るとやや不機嫌になっていた。しかも読み進めようということで教科書に指定されたのが，当時においてすでになんとも古臭く思われる中学生コペル君の，道徳の教科書めいたイラスト入りの文庫本だ。興味をひかれたとはいいがたい。生意気な私は，バカにするなと息巻いていた。

　教員として生計を得て，それを仕事としている今から思えば，「まあ，そんなにプリプリするなよ」と昔の自分の肩を叩いてやりたい気がする。「求められた課題レポートに「今は昭和63年でもなければ，1988年でもない。平川18年だ」と誇らしげに書いて提出するなんて，それこそ中二病丸出しじゃないか」と諭してやりたい気もするし，一方でそんな風に教員にくってかかった自分を少し諌めて，「まあ飯でも食いに行こう」とどこかに連れ出してやりたい気もする。とりあえず，私は当時の先生にとってやっかいな学生であったことは間違いない。

　だからいま自分が担当している「専門外の」必修クラスで，その教室にいる理由を見つけられず，いかにも不機嫌そうな学生にであっても，当時の自分を思い出して「まあ，君の気持ちはわかるよ」と話かけることがある。私の手元にはまだ『君たちはどう生きるか』が残っているのだ。何度も引っ越しをしながらそれを捨てることがなかったのは，ただそれが私にとって昭和の最後の年のよすがだから，というだけではない気がする。六本松キャンパスは大学の引っ越しでキレイさっぱり消えてなくなってしまったけど。

08 協同すること

谷村　要＋石毛　弓

08-01　はじめに

　あなたは、「アクティブ・ラーニング」や「ピア・サポート」という言葉を大学の授業で聞いたことはないだろうか。あるいは「PBL」や「反転授業」はどうだろうか。これらの用語は、2000年代以降さかんに論じられてきた近年の大学教育のキーワードといえる言葉だが、いずれも能動的な学びや協同をめざしているものだ。

　この章では、協同する学びにおいて重要とされる用語とともに、(1)なぜこれらの学び方が必要となったのか、(2)これらの学びではどのような意識が必要になるのか (3) 学びの中でいかに協同していくべきかを考えていこう。

08-02　アクティブ・ラーニングとは何か

　2015年現在、文部科学省などでさかんに議論されている言葉の一つに「アクティブ・ラーニング」がある。このアクティブ・ラーニングは、2012年8月に取りまとめられた文部科学省への答申（意見書）において、今後の大学教育の質的転換を示す重要用語の一つとして位置づけられており、このように説明されている。(中央教育審議会, 2012)。

> 　教員による一方向的な講義形式の教育とは異なり、学修者の能動的な学修への参加を取り入れた教授・学習法の総称。学修者が能動的に学修することによって、認知的、倫理的、社会的能力、教養、知識、経験を含めた汎用的能力の育成を図る。発見学習、問題解決学習、体験学習、調査学習等が含まれるが、教室内でのグループ・ディスカッション、ディベート、グループ・ワーク等も有効なアクティブ・ラーニングの方法である。

難しい言葉が並んでいるので，少し説明しよう。

まず「学修」という漢字が使われていて，おや？と思うかもしれない。実は近年，文部科学省関連の報告書では，「学習」という言葉を「学修」に置き換える流れがある。「学び習う」から「学び修める」という漢字になったのは，学んだ知識を「修める」＝身につけることが大学教育でとくに求められるようになったからである。この背景については後にも触れていくが，本章では読者の皆さんにとってはなじみ深いだろう「学習」という表記を使っていく。ただ，今後の大学の「学習」は「学修」と表現を改めていく方向性に向かっていることは頭の片隅に入れておいてもらえれば，と思う。

さて，このアクティブ・ラーニングだが，「学修者の能動的な学修への参加を取り入れた教授・学習法」と書いてあるように，ただ教員の話を聴くだけでなく，学ぶ側が能動的（アクティブ）に学習する活動（ラーニング）を授業内に取り入れていることがポイントである。例えば，「教員による一方向的な講義形式の教育」，つまり，座学のように教員から学生への一方向的な知識の伝達・注入を中心とした授業ではなく，教員や学生同士でのコミュニケーションなどを通じてさまざまな能力＝汎用的能力の育成をねらう授業こそがアクティブ・ラーニングということになる。

ただ，このような学習は，もともと大学に存在していたという指摘がある。少人数で特定のテーマについて話し合うゼミなどはその代表であるし，「そもそも「アクティブ」でない学習などあるの？」という疑問もある。実際のところ，あとで紹介するように講義形式でもアクティブ・ラーニングと呼ぶことのできる形態の授業は存在するし，このアクティブ・ラーニングは教員の講義をしっかりと聴く姿勢の重要性を否定するものでもない。

京都大学高等教育研究開発推進センターの溝上慎一は，この文部科学省の定義を取り上げつつ，アクティブ・ラーニングという学びは従来の講義形式を否定するというより，「書く・話す・発表するなどの活動への関与と，認知プロセスの外化を伴う」形式へと変容させることをめざすものだと述べている（溝上，2014：7）。この場合，授業内容を聴き取る（自分の頭の中で考える）だけでなく，レポートやコメントペーパー，発表などの活動を通じて，自らの授業への理解や思考を文章や発表などで他人へ伝える行為を伴う形式がアクティブ・ラーニングということになる。

さて，文部科学省の「アクティブ・ラーニング」の定義を読むと，「汎用的能力の育成を図る」ことがめざされている。なぜ，このような学習形態と「汎用的能力の育成」の必要性が声高に叫ばれるのだろうか。次に，その背景を考えてみよう。

08-03 アクティブ・ラーニングが求められるのはなぜか

　アクティブ・ラーニングが求められる一つの要因に「大学全入時代」と呼ばれる状況があるといわれる。現在の大学には多様な学生が入学しているので、従来の大学教育のままでは充分な学習成果が挙げにくくなっているというわけだ。ただ、このような学生の質の変化に対する指摘は実はかなり以前から（日本の場合は1980年代、アメリカの場合は1960年代から）されていて、アクティブ・ラーニングの取り組みは大学のいろんな教育現場の中で徐々に進められてきていた。どちらかというと、アクティブ・ラーニングが一気に大学教育で広まったのは、大学外の社会的要因のほうが大きいといえる。その要因とされるのが、1990年代以降の若者を取り巻く社会の変容だ。

　1990年代前半の「バブル崩壊」に伴って訪れた就職氷河期で当時たくさんの大学卒業者が卒業しても仕事に就けなかったり、就職できても正社員でなく非正規の仕事しか見つけられなかったり、その若者の苦境につけこむ「ブラック企業」がはびこる状況が出てきたりしたことはあなたもニュースなどでご存知ではないかと思う。かつては中学 ➡ 高校 ➡ 大学 ➡ 就職というルートをたどれば、一生同じ会社で働き続けることができる「終身雇用」や、勤めた期間の長さに伴って給料が上がっていく「年功序列の給与体系」が期待できたが、今では、そのキャリアモデルは「神話」とすらいわれるようになってしまった。企業の業績低迷で解雇されたり、給料を上げるために転職したり、成果を挙げないと給料が上がらなかったりすることが日常的になって、将来のビジョンをきちんともって行動し続けていく必要性がどんな人にも求められるようになってきた。さらにグローバル化や情報化に伴って、若者には、企業活動に何らかの付加価値をもたらす人物や、異なる文化をもつ人たち（例えば、外国人）との多様なかかわり方に対応できる人物になることが求められるようになってきた。「創造的人材」や「グローバル人材」といった言葉がそれだ。

　そのような次代を担う若者がもつべき力として、変化が激しく未来が不透明な社会状況でも力強くその社会を生き抜いていくための力、すなわち「生きる力」が必要だと就職氷河期まっただ中の1990年代後半にいわれるようになる。この「生きる力」は1996年7月に文部科学省への答申で示された言葉だが、その定義を読むとアクティブ・ラーニングで育成がはかられている汎用的能力と同じような意味だと捉えることができる（中央教育審議会, 1996）。

　我々はこれからの子供たちに必要となるのは、いかに社会が変化しようと、自分で課題を見つけ、自ら学び、自ら考え、主体的に判断し、行動し、よりよく問題を解決する資質や能力であり、また、自らを律しつつ、他人とともに協調し、他人を思いやる心や感動する心など、豊かな人間性であると考えた。たくましく生きるための健康や体力が不可欠であることは言うまでもない。我々は、こうした資質や能力を、変化の激しいこ

> れからの社会を[生きる力]と称することとし，これらをバランスよくはぐくんでいくことが重要であると考えた。

　もともと，この「生きる力」の育成のために，2000年代に推進されたのが「ゆとり教育」であり「総合的な学習の時間」の導入だった。今では「ゆとり教育」は学力低下の元凶として取りざたされることすらあるが，社会の変動に対応できる能力の伸長をねらった教育だったのである。この「生きる力」のような汎用的能力は，経済産業省が2006年に提唱した「社会人基礎力」（経済産業省，2006），文部科学省が2008年に掲げた「学士力」（中央教育審議会，2008）とさまざまに呼ばれつつも，いずれも現在の若者に必要な能力としてその育成の重要性が強調され続けてきている。

　「アクティブ・ラーニング」のような学習者の能動的活動を重視する背景に，この汎用的能力の育成を求める声が1990年代以降あり続けたことは理解しておくべきだろう。

　なお，「生きる力」もそうであるが，この汎用的能力の範囲は多岐にわたる（図8-1参照）。

　このような，多様で幅広い能力を若者に求める声が挙がるなかで，特に社会人になる前の最後の教育を担う大学は変わらざるを得なくなってきた。つまり，専門分野の知識を深める場としてだけでなく，この社会を生き抜くための汎用的能力の修得の場としての意味が強められてきているのだ（先に取り上げた「学習」から「学修」の転換はそのためだ）。「アクティブ・ラーニング」は社会からの要請により大学で導入されている教育方法で，これからの大学教育に関わるすべての人びとは（この章を書いている筆者も，読んでいるあなたも）そこから目をそらすわけにはいかなくなってきている。

　では，実際に私たちはどのように大学での学びに取り組むべきだろうか。

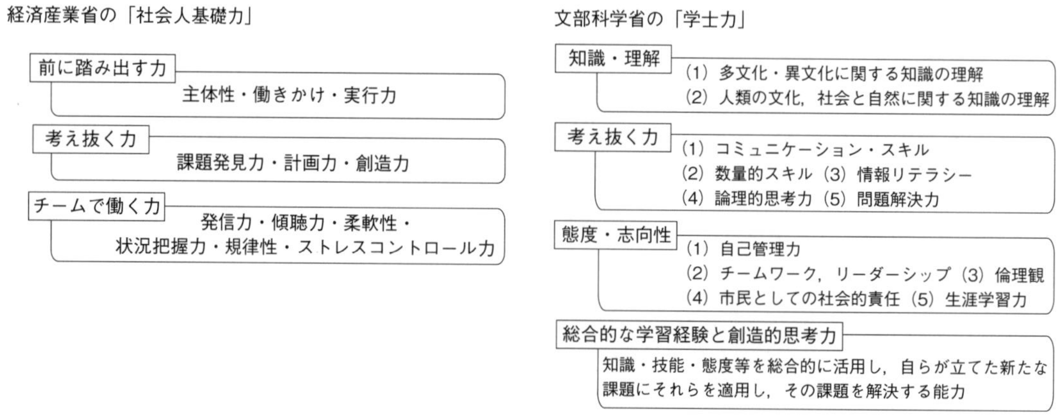

経済産業省の「社会人基礎力」

- 前に踏み出す力
  - 主体性・働きかけ・実行力
- 考え抜く力
  - 課題発見力・計画力・創造力
- チームで働く力
  - 発信力・傾聴力・柔軟性・状況把握力・規律性・ストレスコントロール力

文部科学省の「学士力」

- 知識・理解
  - (1) 多文化・異文化に関する知識の理解
  - (2) 人類の文化，社会と自然に関する知識の理解
- 考え抜く力
  - (1) コミュニケーション・スキル
  - (2) 数量的スキル (3) 情報リテラシー
  - (4) 論理的思考力 (5) 問題解決力
- 態度・志向性
  - (1) 自己管理力
  - (2) チームワーク，リーダーシップ (3) 倫理観
  - (4) 市民としての社会的責任 (5) 生涯学習力
- 総合的な学習経験と創造的思考力
  - 知識・技能・態度等を総合的に活用し，自らが立てた新たな課題にそれらを適用し，その課題を解決する能力

図8-1 「社会人基礎力」および「学士力」を構成する能力

08-04 アクティブ・ラーニングをどう学ぶか

　ここまで「アクティブ・ラーニング」が導入された背景とそのねらいをみてきた。あなたもこれまで以上に授業内外で学習に取り組む積極的な姿勢をもたなければならないという意識が出てきたのではないだろうか。大学の教員は社会的要請も踏まえながら，受講者がよりアクティブに学習活動を行える仕掛けを授業内につくって，あなたのさまざまな能力が少しでも開花していくことを考えている。しかし，あくまでも学習し汎用的な能力を身につける主体は学ぶ側であり，学ぶことへのモチベーションを高めて授業外学習に取り組まなければ，十分な効果が出ないのは確かである。ここではアクティブ・ラーニングの方法をそのねらいとともにいくつか紹介する。その方法やねらいを知ることで，あなたには，より積極的に大学での学びに向き合っていってもらいたい。

❶コメントペーパー

　さて，大人数が受講する講義形式の授業でもっとも簡単に導入可能なアクティブ・ラーニングの方法として挙げられるのは，授業の最後にコメントペーパーやミニッツペーパー（1分程度で記入できる用紙）を配布し，感想や質問を数分間書かせることである。授業の中でただ聞いて，知ったつもり・わかったつもりになっていることも，いざ自分の理解を文章で示そうとすると難しいときがある。また，頭の中でモヤモヤしている考えを実際に書いてみることで教員から教えられたことを改めて整理することができるかもしれない。このように自らの授業への理解や考えなどを，他の人へと伝達する行為が授業で導入されることで，ただ授業を「聴く」だけでは得られない能力の発掘ができるのだ。また，この方法の利点は，大人数の講義でも教員が全受講者の声を拾えることである。授業中に学生を指名する形だと，限られた授業時間の中ではどうしても一部しか取り上げられないが，この方法であれば次回までに教員も読む時間をとることができるし，次回の授業で受講生の感想や質問を提示して応答することで，教員から学生への一方向の情報伝達を超えて教員と学生とが双方向的なコミュニケーションをすることができる。また，さまざまな学生の感想を受講者の間で共有することで，「ほかの人はこういう感想をもったのか」という気づきを学ぶ側が得ることもできる。このように，ただ教員の講義を「聴く」だけでは得られないさまざまな情報を受講者は得られる。多くの大学の授業で取り入れられている方法でもあるので，あなたもすでに覚えがあるかもしれない。今後，そのようなねらいに少しでも意識的になってもらえればより多くの気づきが得られるはずである。

❷反転授業

　教員が受講者のアクティブな学習活動にさらに重きを置いていくと，授業で次回に投げかける問題を予告しておいて，その問いに関連する資料やヒントを提示・配布しつつ，授業外で受講者にその問題に関する学習活動を行わせる形式も考えられる。この場合，次回授業時に教員は受講者へ前回示した問いを改めて投げかけ，問題への回答状況を踏まえつつ講義を行う——いわば「授業外学習の復習」を授業内で実施する形式の授業になってくる。このような形式を近年「反転授業」と呼んでいる。

　この反転授業はアクティブ・ラーニングと同じく2010年代に入って急速に普及してきた授業方法で，これまで教室の中で行われてきた学習活動を授業外で，教室の外における学習活動（たとえば，学んだ内容の復習）を授業内で行う形式のことを指す。まさに「（従来の形から）反転した授業」ということだが，このような方法の普及は情報技術の革新に伴って，レジュメや映像などさまざまな資料をオンラインで提供できるようになってきたことが背景にある。知識はインターネット上で検索すれば調べられる現在，情報を調べ上げるだけでなく，それをうまくまとめたり応用したりする能力が必要になってきている。その能力を身につけていくために，知識は授業内で教えるのでなく受講者が自ら調べ，教員はその知識をどう応用することができるかを指導するのがこの学習活動のポイントだが，受講者の授業外学習が授業の質に直結する授業であることは注意しておきたい。

　この反転授業と同様に近年アクティブ・ラーニングと関連づけて語られる言葉に「PBL」がある。このPBLは「問題解決型」（Problem-Based Learning）と「プロジェクト型」（Project-Based Learning）の二種類に分かれる。前者は医療系の学部などの授業で早くから導入されてきた学習方法であるが，今では大学の多くの学部で取り入れられている。授業のテーマに関連した問題事例について教員が示し，受講者たちが調査したり話し合ったりして問題の解決を模索していく形式の授業などがそれだ。後者の「プロジェクト型」は，教員や大学が問題解決を依頼されたプロジェクトに学生を参画させ，その問題解決を図るものを指す。例えば，自治体から依頼された地域活性化プロジェクトを通して，地域の問題解決を図るもの（例えば，総務省の「「域学連携」地域づくり活動」）などが挙げられる。学外の関係者とフィールドワークやインタビューなどで接触することになるため，多様な経験を得ることができるのが特徴だ。とはいえ，いずれのPBLでも教員が設定した問題事例やクライアントから依頼された案件の問題解決をめざして，学習者たちは情報収集やグループワークを進めていき，自らの導き出した問題解決策を授業のなかで共有する活動を伴うことは共通している。先の反転授業もそうだが，学ぶ側が問題について正確に認識していないと学習活動が見当違いの方向にいきかねないため，教員はファシリテーション（学習者の問題に対する認識や話し合いを通じた合意形成のサポート）に気を遣うことになる。

　このようなアクティブ・ラーニングを進めるにあたっては，授業内外や学外での学びにお

いて，教員だけでなくさまざまな人と協同することが不可欠となる。この場合，学生同士，学生と教員，学生とクライアントもまた協調して話し合いや教え合いをしていかなければならない。そして，グループワークや後に紹介するピア・サポートの技法を活用することも必要になってくるだろう。ここでは，グループワークの代表的な技法を4つ紹介するが，より詳しい方法やほかの技法を知りたい場合は参考文献に挙げている本もぜひ読んでもらいたい。

①シンク・ペア・シェア
1) 教員がクラス全体に一つの質問をする（あるいは，問題を出す）
2) 数分間，授業参加者は個別でその質問（問題）について考える
3) 授業参加者同士でペアとなり，お互いの考え（答え）を紹介しあう
4) 4名から6名のグループ，もしくは，クラス全体で考えを共有する

②ラウンド・ロビン
1) 教員がクラス全体に一つの質問をする（あるいは，問題を出す）
2) 数分間，授業参加者は個別でその質問（問題）について考える
3) 4，5名のグループをつくり，そのなかで順番に考え（答え）を共有する
4) クラス全体で，各グループで出た意見を共有する

③バズ・グループ
1) クラス内を3名から4名の小さなグループに分ける
2) 授業に関連した質問をグループで数分間話し合う
3) グループ内での話し合いの結果をクラス内で報告する

④ジグソー
1) 教員は授業内容に関連した複数の話題（事例）を提示し，授業参加者からそれぞれについて調べる担当者を決める
2) 各担当者は自らが担当する話題（事例）について調べる
3) 授業参加者は担当した内容の知識をクラス内の他の授業参加者に伝える（教える）

　いずれの方法も個人での考えをペアや小グループ，クラス全体で共有し合う経験を通じて，ほかの人に自分の考えを伝え，さまざまな人の意見を聴く機会を授業でつくりだす方法である。このようなグループワークが授業の中で導入されているのは，授業参加者同士での学び合いや教え合いといった「協同すること」を活性化させ，さまざまな気づきを得る機会をつくりだすためなのだ。グループワークに取り組む場合は，そのことを意識してみよう。

08-05　ピア・サポートは「仲間との支えあい」

　ここまで，アクティブ・ラーニングについて考えてきた。しかし学生同士で主体的に学んだり複数の人間で課題を解決すること，つまり「協同」するための手法は，アクティブ・ラーニング以外にも数多くある。そこでこの節では，少しちがったかたちの協同として，「ピア・サポート」という考えと実践のしかたを紹介しよう。

❶ だれが仲間（ピア）だろう？

　あなたは，困ったり悩んだり不安を感じたときに，どうしているだろう？　一人でじっくり考えたり調べることもあるだろうし，まわりに相談することもあるだろう。では困ったときに，自分がだれかに相談している場面を想像してみよう。友だち，家族，先輩，教員など，さまざまな人がいるなかで，いまあなたの頭にうかんだのはだれだろう？　大学生が相談相手としてもっともよく挙げるのは，友人だといわれている。人間関係，勉強関連，サークル活動，就職活動，アルバイトのことなど，悩みごとがなんであれ，友人はいちばん身近でいちばん話しやすい相手なのだ。ピア・サポートは，仲間（Peer）による支えあい（Support）という意味だ。仲間というのは，同じような立場にいる人びとをさす。あなたが大学生なら，「ピア」はクラスメートや先輩，後輩などの大学生になる。だからここでは，学生が，同じ立場であるほかの学生を支えたり助けたりすること全般を「ピア・サポート」と呼ぼう[1]。

❷ 「同じ学生」という目線からの支援（支えあい）

　大学生は，なにかあったとき友人に相談することが多いといった。ピア・サポートをする者（ピア・サポーター）はかならずしも友人ではないけれど，相談する者もされる者も学生なので，教員や職員より話すハードルが低くなる。また，親や教職員よりも年齢や立場が近い者のほうが，相手の悩みをより理解したり共感することができるだろう。授業でわからないことがあるといった学習面から友だち関係などの精神面まで，大学生活のなかでさまざまな悩みをかかえている学生を，ピア・サポーターは同じ学生という目線から支援する。

　ただし，ピア・サポーターは一方的に頼られる存在ではない。相手を支えることで自分もさまざまなことを経験し，学び，支えられる。また，助けるといっても強いリーダーシップを発揮したり，教員のような講義をしたり，上の立場から指導することがピア・サポートではない。ピア・サポーターには，相手の心によりそって，話に耳をかたむけて，問題を共有して解決のためにいっしょに考える姿勢がもとめられる。相談する者とされる者の双方向からの助け合いが，ピア・サポートの基本姿勢だ。

---

1) ピア・サポートは一定のトレーニングを受けた人間が行う活動だとする場合もあるが，ここではトレーニングの経験については問わない。学生同士が支えあう活動全般をピア・サポートと総称する。

08-06　三つの態度

　グループ・ワークなど，人と協力してなにかを行うとき，そこには困っているメンバーがいるかもしれない。もしあなたがそのメンバーの手助けをしたくても，どうすればよいのかわからなかったり，うまくいかないこともあるだろう。そんなとき，次の三つの態度が実践できているかを自分に問いかけてみよう。

❶つながる

①肯定する

　相手をサポートするためには，その人が抱えている問題を知らなければならない。相手の問題を知るためには，心をひらいて話してもらわなければならない。その第一歩として，まず相手を受けいれよう。肯定されていると感じたとき，人は安心する。そんな考えかたでは駄目だときめつけたり，咎めるような口調をとっていないだろうか？　なにをいっても大丈夫だという信頼関係は，相手を肯定することから始まる。

②聴　く

　あなたは，「相手が言いたいこと」を聴くことができているだろうか。自分が聞きたいことだけを理解して，相手がほんとうに言いたいことを聞きそこねていないだろうか。また，その人が話したり行動していることの後ろには，そこに至るまでの過程や理由がある。話されていない部分，言葉にならない態度や表情をじっくり「聴く」ことがピア・サポーターの役割だ。相手のペースにあわせて，「そうだね」と共感をもって聴くことができているか，また自分がしゃべりすぎていないかを常に意識しよう。また「聴く」ことの種類については92ページを参照しよう。

❷ささえる

①おしつけない

　ピア・サポートの主役は，悩みをもつ学生自身だ。ピア・サポーターは，問題解決のための助っ人の役割を担う。脇役として，「相手を尊重する」「自分の考えをおしつけない」ことが重要になる。相手の考えの枠組みを理解して，相手の視点に立って物事をながめよう。ピア・サポーターが答えをだしておしつけても，問題はほんとうには解決しない。相手が自分で答えにたどりつくことができたなら，それが最上のサポートになる。

②教えない

　相談する人とピア・サポーターは対等で，どちらかが一方的に教えたり諭す関係ではない。

たとえある科目について自分のほうがよく理解していたとしても、上からの目線にならないようにしよう。必要なのは、教員のように教えたり指示することではなく、相手が答えにたどりつけるようにアドバイスをすることだ。相談者とピア・サポーターは、同等の仲間なのだ。

❸ 気 づ く

① 自己理解

あなたは、自分をどんな人間だと思っているだろう？ 喜怒哀楽などの感情が動くのは、どういったときだろう。性格は、コミュニケーションのとりかたは、勉強へのとりくみかたはどんなだろう。自分と他人のちがいに気づくことで、あなたはより深く自分を理解できるようになる。自己理解は、自分の先入観に気づくことにもつながる。あなたにとっては「これができてあたりまえ」「こうするのが当然」なことでも、相手がそうだとはかぎらない。できるかぎり先入観を捨てて、白紙の状態で相手に接しよう。

② 価 値 観

ある人にとって大切なことと、あなたにとって大切なことはちがうかもしれない。その差異を知り、ちがいをちがいとして認めよう。また、「この人はこんなサポートが欲しいはず」と思いこまないようにしよう。自分にとって「これがいちばん」なことではなく、相手にとって必要なことやものに気づけるようになろう。

08-07　いつでも始められる

　ピア・サポーターは、相談者が自分自身で問題を解決する力を引き出す手伝いをする。そのためには相手とコミュニケーションをとって、わかり合うことが必要になる。こういった経験をつうじて、ピア・サポーターは人々と協同して問題や課題を解決する力を養う。この力は、大学生活だけでなく社会にでてからも活用される重要なものだ。

　ピア・サポートをするうえでもっとも大切なのは、「ピア・サポーター」という名称ではなく、「人と支えあいたい」という気持ちだ。もしあなたが、クラスメートや友人の助けになりたいと思ったなら、ピアとしてのサポートは始まっている。また、あなたが友だちに相談をもちかけたとき、あなたはピア・サポートを受けてもいるのだ。

　最後に、ピア・サポートのために役立つ枠組みを紹介しよう。「相談を受けたときの手順例」（表8-1）は、相談された問題を解決にもっていくための手順の一つだ。今後あなたがだれかを支えるとき、それぞれのケースに応じて活用していこう。

表 8-1　相談を受けたときの手順例（＊PS ＝ ピア・サポーター）

手　順	するべきこと	例
1　問題点の把握と共有	本人と一緒に，なにが問題なのかを考える	「グループワークで，まったく発言できない」
2　ゴールの設定	なにをどうしたいのか，どうなりたいのかといった最終目標を設定する	グループワークでメンバーと積極的に意見交換ができるようになる
3　原因の解明	原因の解明ゴールに到達するためにどうすればいいのかを，理由や原因などを探りながらいっしょに考える	「グループワークの課題がよくわかってなくて，自信がないのが原因かもしれない」
4　スモール・ステップ化	ゴールに到達するために必要な事柄を洗い出し，いくつかの段階にわける。各段階に，小さなゴールを設定する。すべてを一度に達成することが難しければ，一つずつ順番に解消していく	①次回までに，図書館やインターネットで課題について調べておく（ゴール1） ②次回メンバーに資料をみせるとき，一言でいいから自分の意見を述べる（ゴール2） ③グループワーク中に……
5　実行と確認	スモール・ステップが実行できているかを確認して，問題があれば設定しなおす	【確　認】 「グループワークで資料をみせるとき，自分の意見がいえなかった」 PS＊「いえなかったんだね。どうしてだったんだろう」 【再設定】 ①グループワークのまえに，PS を相手に話す練習をする ②次回メンバーに資料をみせるとき……
6　ゴールの到達	相談相手が目標を達成できたかどうかを確認し，フィードバックをする	PS「まえより論理的に意見がまとめられるようになったね。だから……」

【引用・参考文献】

経済産業省（2006）．「「社会人基礎力」について」〈https://web.archive.org/web/20060816081932/http://www.meti.go.jp/policy/kisoryoku/index.htm：2016 年 1 月 19 日〉〉

中央教育審議会（1996）．「21 世紀を展望した我が国の教育の在り方について（第一次答申）」〈http://www.mext.go.jp/b_menu/shingi/chuuou/toushin/960701.htm（閲覧日：2016 年 1 月 11 日）〉

中央教育審議会（2008）．「学士課程教育の構築に向けて（審議のまとめ）」〈http://www.mext.go.jp/component/b_menu/shingi/toushin/__icsFiles/afieldfile/2013/05/13/1212958_001.pdf（閲覧日：2016 年 1 月 11 日）〉

中央教育審議会（2012）．「新たな未来を築くための大学教育の質的転換に向けて―生涯学び続け，主体的に考える力を育成する大学へ（答申）」「用語集」〈http://www.mext.go.jp/component/b_menu/shingi/toushin/__icsFiles/afieldfile/2012/10/04/1325048_3.pdf（閲覧日：2016 年 1 月 11 日）〉

バークレイ，E.／安永　悟［監訳］（2009）．『協同学習の技法―大学教育の手引き』ナカニシヤ出版

溝上慎一（2014）．『アクティブラーニングと教授学習パラダイムの転換』東信堂

まとめの課題

　アクティブ・ラーニングの理解を深めるために，3つのワークにとりくんでみましょう。どのワークも，個人でもグループでも行うことができます。グループでやろうと声かけをしたり，ワーク2のまとめを教員に提案することそのものがアクティブ・ラーニングの実践でもあります。

①基本課題：経験から学ぶ

　小学生から現在までの学びのなかで，あなたにとってアクティブ・ラーニングだった経験を，思い出せる限り挙げてみましょう。また，それがアクティブ・ラーニングである理由を書き出してください。

②応用課題：改善を提案する

1) 大学で受講した／している授業科目を一つ選びましょう。

　　_____

2) その授業科目でさらにアクティブ・ラーニングをすすめるためには，どんなことがとり入れられたり実施されればいいかを考え，書き出してみましょう。
   ㋐グループごとに宿題にとりくみ，その成果を授業内で毎回発表する。発表時間は10分程度，発表グループ数は1回につき1グループにする。

　　_____
　　_____
　　_____

3) 2の内容が実施されたら，自分にとってどんな効果があるか書き出してみましょう。
   ㋐グループで宿題にとりくむことをつうじて，他人の意見や考えを知り，視野を広げることができる
   ㋐クラス内の他のグループの考えを知り，視野を広げることができる
   ㋐人前で話すトレーニングができる

　　_____
　　_____
　　_____
　　_____

4) 可能であれば，1～3をまとめて，その授業科目を担当している教員に実施を提案してみましょう。

　　_____
　　_____
　　_____
　　_____
　　_____

③発展課題：自ら作り上げる

　あなたは，90分（あるいは110分）の授業を行わなければなりません。アクティブ・ラーニングの考えをとりいれた，どんな授業ができるでしょうか。10分刻みの表を作成して，具体的に計画を立ててみてください。

授業のテーマ	
受講生・受講者数	受講生： 　　　　　受講者数：
授業計画（10分刻み）	
00	
10	
20	
30	
40	
50	
60	
70	
80	
90	
100	
110	

記入例

授業のテーマ	（あなたが授業したいテーマを設定する）
受講生・受講者数	受講生：大学1年生　　　受講者数：12名
授業計画（10分刻み）	
00	出席をとる
10	（授業のテーマ）を説明する
20	（授業にテーマ）について連想することを学生が一人一つ挙げる
……	……

09 聴くこと

中島由佳

09-01 聞くこと・聴くこと・訊くこと

❶インタビューの利点

　第6章では，問いを立て，仮説を立てて検証することの重要性について考えた。そして，よい問いを立てたりよい仮説を立てたりするために欠かせないのが，「情報収集とその分析」だということもわかった。例えば「チンパンジーとゴリラ，よりヒトに近いのはどちらだろうか」という問いは，チンパンジーやゴリラについて多少なりとも情報をもたない限り，あまり意味のある問いにはならない。仮説も立てようがない。

　では，チンパンジーやゴリラについて情報を得たいと思ったときに，どのような手段を使えば，有用な情報が得られるだろう。

　一つは，第5章でみたように，図書や雑誌，新聞などの紙媒体の情報や，ウェブを利用することだ。しかし，図書は全体像をつかむのに適しているが，情報が古くなりがちだ。雑誌は専門知識を得るには欠かせないが，膨大なバックナンバーから適切な論文を探し当てる必要がある。新聞やウェブの情報は新しいが，断片的なことが多い。

　これに対して，自分が知りたいと思う情報をもっている人，例えば霊長類の研究者に直接情報を伺う方法もある。いわゆる「インタビュー」だ。インタビューは知りたいことをその場で伺えるので即時性が高い。直接に質問をさせていただくことで，まさに望んでいる情報を入手できる。また，問いをさらに掘り下げて深い話を伺えたり，自分の中で新たな気づきが生まれることもある。

　情報を得るのに，インタビューは有力な手段なのだ。

　インタビューにおいて，お話を伺う側をインタビュアー（interviewer），お話をしてくださる方をインタビュイー（interviewee）という。そして，大学生が「キャリア・プランニング」，例えば就職などの進路決定のために話を伺いたいと思う場合，その相手，つまりインタビュイーは社会人の方である場合が多いだろう。そこでこの章では，大学生のインタビュア

ーが，社会人のインタビュイーにお話を伺うことを想定して，どのようにインタビューを行えばよいのか，どのような点に留意すべきかについて，話を進めていきたい。

❷ 聞く，聴く，訊く

　インタビューには，疑問をその場で解決でき，流れの中でどんどん深い情報を引き出せる利点がある。しかし，この利点はそのまま，インタビューの弱点ともなる。

　図書や雑誌，新聞やウェブは，必要に応じて何度でも読み返すことができる。しかしインタビューは，その場でしか話を伺うことができない。また，自分は何をたずねたいのかインタビュアー自身が把握していなければ，有用な情報は得られない。もしもこちらが一言も質問を発しなければ，沈黙が続くだけだし，目的もなしにインタビュイーにお会いしてしまうと，それはインタビューではなく，単なる雑談に終わってしまう危険性をはらんでいる。

　つまり，どのようにインタビューするのか，つまり「聞く」のか，「聴く」のか，「訊く」のかが，情報を得るための重要なポイントとなってくる。

　「訊く」とは，質問をする，たずねる，ということだ。こちらが問いを発する行為だ。これに対して「聞く」と「聴く」は，ともに相手の話を音声として受け取る行為だ。では，「聞く」と「聴く」，どう違うのだろうか。

　大辞林によると，「聞く」は，「音や声を感じとる。また，その内容を知る」という意味合いをもつ。これに対して「聴く」は，「注意して耳に入れる。傾聴する」の意で用いられる。つまり，「聞く」はごく一般の，いつもの話のきき方であるのに対して，「聴く」は積極的に，注意深く，耳を傾けて話をきくときに使われる言葉なのだ。「聴」は，耳偏に十四の心，と書くとよくいわれている[1]。ここでは，十四もの心を傾けて話をきこうとする姿勢を「聴く」と考えてみよう。そして，インタビューに求められる「きく」が「訊く」と「聴く」であるのはいうまでもないことだろう。

09-02　インタビューを行うこと

　ではどうすれば，インタビューでしっかりと訊き，聴くことができるだろう。インタビュイーにも気持ちよく話をしていただけるだろう。ここでは，社会人 A さんに「お仕事で経験したこと，感じること」をインタビューさせていただくことをテーマに，「訊き，聴く」ための手順を考えてみよう。

---

[1]「聴」の右半分は「徳」の原字とされ「まっすぐに」の意をあらわす〈参照 URL　https://ja.wiktionary.org/wiki/聴（閲覧日：2016 年 1 月 11 日）〉。

❶アポイントメントを取る

訊きたいテーマと相手が決まったら，インタビューさせていただく日時・場所などを決めるために，アポイントメントの依頼をする。アポイントメントの依頼はメール（表9-1）で行う。たとえ電話番号がわかっていても，初対面の方にいきなり電話をするのは失礼であるし，伝え忘れる事項も出てくる。では，どのようにメールを打てばよいのだろう。その手引きとなるのが表9-1だ。

表9-1　メール送信前に準備すること

【メールを贈る際のチェックリスト】
●　メールタイトル ☐　メールに適切な件名（タイトル）をつけているか。無題ではないか。 ☐　件名は，何の用件であるかわかるようにつけられているか。
●　メール本文 ☐　本文のはじめに，メールの送信先の名前を敬称つきで書いているか。 ☐　メールの送信先の名前に続いて，自らの所属と名前を名乗っているか。 ☐　本文を適度に改行しているか（目安は1行30文字程度）。 ☐　本文が長くなっている場合，適度に空白行などを入れ，読みやすくしているか。 ☐　本文の最後に，自分の所属と名前（＋メールアドレス，連絡先）を書いているか。
● その他 ☐　敬語に気をつけているか。絵文字，顔文字を使用していないか。 ☐　添付ファイルがある場合，添付ファイルの容量が大きすぎないか。 ☐　CcとBccの使い方を間違えていないか。 ☐　誤字・脱字がないか，もう一度チェックしたか。
【メールの書き方の一例】
件名：インタビューのお願い ○○商事　○山○子様， 初めまして，私は◇◇大学○○学部△年の○○　△△と申します。 この度は，お仕事についてのインタビューをさせていただきたく，◇◇大学の□□先生の紹介により，ご連絡させていただいた次第です。 ○○○○○○○○○○○○○○○○○○○○○○○○○○○○○○○○○。 つきましては，○○○○○○○○○○○○○○○○○○○。 ご都合のよい日時を○○○。

メールを送る際には，目上の方に送信することにじゅうぶんに留意しよう。敬語に気をつ

け，絵文字，顔文字は使用しない。友達に送るような書き方にならないように注意しなければいけない。表9-1のチェックリストを利用して，「この学生にならばインタビューの依頼を受けてもいいかな」と思っていただけるようなメールを作成しよう。

　なお，アポイントの日時を伺う際に，自分の都合を優先させることは避けよう。「○曜日と○曜日は忙しいので，できれば△曜日の◇時からにしていただけませんか」などとは，書くべきではない。貴重な時間を割いてインタビューを受けていただくのだから，まずはインタビュイーに都合のつく日時を挙げていただき，その上で，どうしても自分の都合と合わないようであれば，2通目のメールで，理由を記して提案をさせていただこう。

❷質問項目を考える

　メールでのアポイントの依頼と並行して進める作業が，インタビューで伺う質問項目の考案だ。先にも述べたように，インタビューはその場での，1回限りの情報収集法だ。その場での思いつきの質問で話を伺うのではなく，たずねたいことをあらかじめ「質問項目」としてまとめておくことで，自分にとっても，時間を割いてインタビューに応じてくださる相手にとっても，有意義なインタビューとなる。

　また，よい質問項目をつくるのにも，コツがある。その一つが，「オープン・クエスチョン（開いた質問）」と呼ばれる訊き方を盛り込むことだ。

　オープンクエスチョンは，「相手の話をさらに引き出すための質問」だ。

　相手の答えが，Yes／Noとなるような質問の仕方を「クローズド・クエスチョン（閉じた質問）」という。例えば，「お仕事はたいへんですか？」と訊いた場合，その答えは「はい／いいえ」しかない。

　しかしここで，「お仕事の中で，一番たいへんだと思うのはどのような時ですか」とさらに訊くことで，具体的なお話が聞ける。これが「オープン・クエスチョン」だ。

　「オープン・クエスチョン」とするには，5W1H（「誰が who」「なにを what」「いつ when」「どこで where」「なぜ why」「どのように how」）を使うのがポイントだ。

> 「どなたとなさるのですか」
> 「どのような商品でしょうか」
> 「いつ頃に始められたのですか」
> 「どちらで行われるのですか」
> 「なぜ必要なのでしょうか」
> 「どのように対処されたのですか」

　このように，5W1Hを使って質問することで，より具体的な，自分が得たい情報をインタビューの中で引き出すことができる。

なお，インタビュイーの職業などがわかっている場合，事前にその職業に関連する資料を調べておけば，より具体的な質問項目ができる。例えば，「お仕事の際に，気をつけておられることは何ですか」と伺うよりも，「仕入れの時に，最も注意されていることは何ですか」と伺う方がより詳しい情報が得られる。インタビュイーも，「ちゃんと事前に勉強しているな」とわかると，丁寧に教えたくなるものだ。

❸インタビューのコツ

インタビューの日時と場所も決まったし，質問項目もよく考えて作成した。いよいよ，インタビューを行おう。表9-2に，インタビューのコツと流れの例を示した。

表9-2 インタビューのコツと流れ

【インタビューのコツ】
1) あいさつをし，所属と名前を伝える（インタビュアーが複数の場合は，全員）。
2) メモを取らせていただくことについて同意を得る。録音を希望する場合も，かならず同意を得てから行う。
3) 話を聞いているときは，相手の顔をみる。また，相手が身振り手振りを交えたときは，それを見て，伝えようとしていることを理解するための助けとする。
4) 相手の話を黙って聞くのではなく，うなずいたり，「ええ」「はい」「なるほど」「そうなんですか」などとあいづちを打って，ちゃんと聞いていることを言葉と態度で示す。
5) もっと深く知りたいと思った際には，質問項目の作成の際に用いた「オープンクエスチョン」を話の中で盛り込んでいく。 ・「どうしてそのように思われたのですか」 ・「どのようにして，それを乗り切ったのですか」
6) 協力していただいたことにお礼を述べてインタビューを終える。 インタビューを行ったその日のうちに，お礼のメールを出す。
【上手なインタビューの流れの例】
聞き手：「いまのお仕事に就かれてからどれくらいでしょうか？」 相　手：「2年です」 聞き手：「2年ですか」 相　手：「ええ，そうです。最初はいろいろたいへんでしたけどね。いまはだいぶ慣れました」 聞き手：「最初はたいへんだったんですねぇ。例えば，どんなことが一番たいへんでしたか」 相　手：「そうですね。あれは入社してすぐのことだったんだけど……（お話）……」 聞き手：「そうだったのですねぇ。そんなにたいへんなことをどうやって乗り越えられたのですか？」 相　手：「その時は必死でしたけどね。結局，……（お話）……」

インタビュー中には聞き取りメモを作ろう。たとえ音声を録音していても，その場でメモ取りをしないと，話のポイントを押さえた記録を残すことができない。では，どのようにメモを取っていけば，後で読み返して話のポイントを押さえられるのだろう。
　その一つの方法が，大事だと思った言葉，心に響く言葉を中心にメモをとることだ。全てを書きとめようと，慌ててメモを取ると，かえって後で読みづらくなる。メモを取るために下ばかり向いていても，インタビュイーの方に失礼だし，話の重要なポイントも，かえって頭に入ってこない。
　インタビュイーの目をしっかり見ながら，言葉にうなずきながら，重要な言葉だけを書きとめよう。そうすると，その言葉がキーワードになって，かえって話を思い出しやすくなり，よい記録がつくれる。

❹インタビューの記録をつくる

　インタビューを行うのは情報収集のためだ。しかし，お話を伺いっぱなしでは記憶がどんどん薄れていく。聞き取りメモを後から見返したり，録音を聞き返しても，その時に感じたことまで思い出すことは難しい。
　インタビューを行った後はできるだけ早くに，インタビュー内容を再現した「聞き取り記録」をつくろう。インタビュー中に作った「聞き取りメモ」を参考につくっていく。箇条書きでなく文章で残すほうが，後でレポートを書く場合などに活用しやすい。
　できればインタビューした日，遅くても翌日に聞き取り記録をつくるのも，正確な聞き取り記録をつくるためのポイントだ。意味のない単語（例えば「にお」，「たへ」など）を覚えた場合，人は1日経つと，内容によっては昨日の記憶の70％近くを忘れてしまう。もちろん，インタビュー内容は意味のない記録ではない。しかしそれでも，日が経つにつれて記憶が薄れ，忘却が進むのも確かだ。
　さらに，人の記憶はどんどん歪んでいくものだ。時間がたつにつれて，自分の思い込みや他の人から聞いた情報が混ざってしまって，聞いてもいないことを「確かに聴いた」と思い込んで，記録をつくってしまったりする。正確な情報を得るためにインタビューをしたのに，それではインタビューをした意味がなくなってしまう。
　記録をつくることこそ，インタビューを行う目的であるといえる。内容を記録として残しておくことは，情報を円滑に活用するためにも，また，伺ったことの内容を自分の中で整理してさらに考えを進めるためにも欠かすことのできない作業なのだ。

09-03 インタビューで守るべき約束事

❶インタビューと個人情報

　ここまで，インタビューのテーマを考え，アポイントメントを取り，質問項目に沿ってインタビューし，記録をつくるところまで，一連の過程を見てきた。しかし，インタビューを行うにあたって，必ず守らなければいけない約束がある。それは，「個人情報の扱いに気をつける」ということだ。

　個人情報とは，名前や連絡先などだけでなく，これまでの人生や仕事においてインタビュイーが体験してきたこと，もっている考えや意見，感じた気持ち，普段やこれまでの行動，職場環境などに関する情報をいう。また，個人情報データには写真や映像，音声記録も含む。

　インタビューするのだから，当然，相手のお名前を伺う。性別もわかるし，仕事内容もインタビューの過程で知ることとなる。しかし，それらの個人情報を「真実を伝えるために欠かせない」と考えて，レポートなどで全て公表してしまったらどうなるだろうか。レポート内容をプレゼンテーションなどで発表することで，他の学生がその個人情報を知ることとなる。さらに，聞いた人がその情報をツイッターやLINEなどで不特定多数の人に流してしまったら，どうなるだろうか。

　またたくまに，名前や仕事内容などのインタビュイーの個人情報は，何の関係もない多くの人に知れてしまうことになる。インタビュアーを信頼して自分の個人的な情報を開示してくれたインタビュイーの厚意は踏みにじられ，インタビューされた側にもさせていただいた側にも，苦い後悔だけが残る。

　決して，大げさなことをいっているわけではない。ツイッターやLINE，FacebookなどのSNS（Social Networking Service）が発達して，誰もが自由に情報を発信できるようになった今日，たとえ悪気がなくとも，誰かの個人情報をまたたくまに世間にさらしてしまう危険をはらんでいるのだ。

❷個人情報を守るために

　では，インタビュイーの個人情報を守るには，インタビューの各段階において，私たちはどのような点に留意すればよいだろうか。

①インタビューを行う前に
　●インタビューを依頼する際に　インタビュイーには，自分の個人情報が取り扱われるのを拒否したり，どのように取り扱われているかを知る権利がある。インタビュー依頼の際には，インタビュー協力への同意をいつでも撤回できること，インタビュー内容をいつでも閲覧できることを伝えて，個人情報の扱い方について，

あらかじめ文書で同意をいただくことが望ましい。
- **質問項目** インタビューを通して入手したい情報以外の，不必要な個人情報，また，公表された場合にインタビュイーの不利益となるような質問はしない。

② インタビュー中
- **記録の承諾** 写真の撮影や音声の録音をする場合，必ずインタビュイーの了解を得る。
- **SNS** インタビューの様子をSNSなどで報告することは差し控える。

③ インタビュー後
- **記録をまとめる際に** 個人情報やデータを記したファイルや音声データなど，誰かが容易に見たり再生したり，あるいは持ち帰ったりできるような状態で保管しない。

❸ Do's and Don'ts（行うべきこと，行うべきでないこと）

　個人情報の取り扱いも含めて，インタビューはインタビューされる側とする側との信頼関係で成り立っている。信頼関係を築くことができれば，よいインタビューを行うことができ，また，信頼する相手の個人情報を守る意識も強まる。
　ここでは，インタビュイーとの信頼関係を高め，よいインタビューを行うために行うべきこと，行うべきでないことを以下のようにまとめた（表9-3）。

09-04　インタビューによって明らかにできること

　このようなインタビューを通して得られるのは「生きた情報」だ。例えばこの章では，大学生が「キャリア・プランニング」や，就職などの進路決定のために社会人にインタビューさせていただくことを想定して話を進めてきた。
　リクルート進学総研の調査を見ると，高校生が就きたい職業は，男子では1位が公務員，2位が教師，3位が技術者・研究者，女子は1位が看護師，2位が保育士・幼稚園教諭，3位が教師である。しかし，彼らはこのような職業の陰と光を本当に知っているのだろうか。また，大学生はどうだろうか。就職支援室や図書館の文献や資料を読んで，一定の知識は得られるかもしれない。しかし，その知識はあくまでも一般的，あるいは一面のみを取り上げたものに偏りがちだ。実際に公務員や看護師が，毎日どのような生活を送っているのか，何をして余暇を過ごしているのかまでは，見えてこない。どのような苦労と喜びがあるのか，その職

表 9-3　インタビューでやるべきこと（DO'S），やってはいけないこと（DON'TS）

【インタビュー実施の前に】
DO：質問項目をしっかりと用意する。
DON'T：インタビューの質問項目を考える際，以下のような質問は慎む。
① 常識として，相手に失礼となるような質問（年齢，年収，容姿についてなど）
② 伺いたいことに関係しないような個人情報，プライバシーに関する質問（交友関係，家族構成，信じる宗教，支持する政党など）
③ 公表された場合，インタビュイーに不利益となるような質問（職場での人間関係，公開するべきでない職場の内輪の事情など）
④ その他，インタビュイーが不愉快になるような質問，傷つくような質問
DO：個人情報の取り扱いについて説明し，納得したいただいた上で同意を得る。
【インタビュー中，絶対に行ってはいけないこと，行うべきこと】
DON'T：ツイッターなどで，インタビューの様子を実況中継する。「インタビューなう」。
DO：写真の撮影や音声の録音をする場合は，かならずインタビュイーの了解を得る。
DO：お話をしっかりと伺い，メモを取る。「録音しているから」と，気を抜かない。
【インタビュー実施後，絶対に行ってはいけないこと，行うべきこと】
DO：聞き取ったメモを用いて，記憶が確かな当日中にインタビューの聞き取り記録をつくる。
DON'T：SNS 等に，インタビュー内容を転用しない。個人情報をばらすのはインタビュイーへの裏切り行為。
DON'T：書きかけのパソコンを開いたままにしない。文書や音声データを放置したまま机を離れない。
➡インタビュー記録や報告書作成の際には，誰かが容易に見たり，再生したり，あるいは持ち帰ったりできるような状態で保管することは厳禁。

業の陰と光までは見通せない。

　一見安定した職業の裏にあるしんどさ，人気で華やかに見える職業生活を支える地道な努力……。そのような「実際はどうなのか」という情報をインタビューからは得ることができる。研究においてもそうだ。インタビュー調査で話を伺うことにより，「数値や統計が実際に何を意味するのか」が，あなたにも読み手にも見えてくる。

　インタビューからの生きた情報は，文献や数値から得られる知識と補完し合って，物事を総合的に判断する上での助けとなる。キャリア・プランニングの探索のために，問いを立てて仮説を検証するために，説得力のある論文やレポートを書いたり，プレゼンテーションを行っていくために，インタビューという手法を活用してほしい。

【引用・参考文献】

一般社団法人全国高等学校PTA連合会・株式会社リクルートマーケティングパートナ 合同調査（2013）.「第6回高校生と保護者との進路に関する意識調査2013」〈http://souken.shingakunet.com/research/2013_hogosha2.pdf（閲覧日：2016年1月11日）〉

Woodward, K. L.（1994）. Was it real or memories? *Newsweek*, **14**, 58–59.

まとめの課題

　東洋史を研究している大学教授Pさんに，お仕事について，インタビューさせていただくことになりました。

①基本課題：アポイントの依頼を行うためのメール

　Pさんに，アポイントの依頼を行うためのメールを以下に書いてみましょう。

②応用課題：インタビューのための質問項目

Pさんにインタビューさせていただくための質問を10項目，作成してみましょう。

10 表現すること

中島由佳＋瀬口昌生

10-01　プレゼンテーションとは何か

❶プレゼンテーションとは

　私たちが文献や資料，あるいはインタビューから得た情報をまとめ上げ，発表する方法は，論文やレポートなどの紙媒体だけが全てではない。パワーポイントなどを使って口頭で発表する「プレゼンテーション」も，自分のアイデアや意図を相手にわかりやすく伝えるために，有効な方法の一つだ。

　プレゼンテーションという単語の中に含まれている present には贈呈する，「プレゼントする」という意味がある。パワーポイント資料を作成し，そこに書いてあることを読み上げれば，「プレゼンテーション」となるわけではない。プレゼンテーションには必ず伝えるべき「相手」がいて，あなたが発信する情報が「贈り物」となる。そして，情報を受け取った相手に何らかの「変化」を及ぼすことが求められている。つまり，こちらの考えを「効果的に伝える努力をする」ことがプレゼンテーションには求められているのだ。この「相手」「贈り物」「変化」を前提として準備し，実施することが，よいプレゼンテーションとなるための大きなポイントとなる。

　この章では，「自分のキャリア・プランニングについて 5 分間のプレゼンテーションを行う」をテーマに，プレゼンテーションの実際を見ていこう。キャリア・プランニングとは，「自分の将来のキャリアや人生について考えること」だ。

　「キャリア・プランニング」という，自分自身に関するプレゼンテーションすることは，将来，自分の企画や作品をプレゼンテーションすることにもつながる。自分の強み・これから伸ばすべき部分を理解して，今後どのように進んでいくかを示すことで，自分の考え方の傾向を客観的に眺めることも，できるからだ。

　では，どのようにアイデアを練り，準備し，発表していくのか，その流れとポイントを見ていこう。

❷伝えたいことを整理する

　自分の「キャリア・プランニングについてプレゼンテーションする」といっても，しかし，どのような内容で，何を発表すればよいのだろう。プレゼンテーションの第一歩は，発表する内容を考えて整理することから始まる。

　第一章にも述べられているように，キャリアとは，「荷車」の意味から転じて，中世ラテン語の「道路」，つまり歩んできた道，歩んでいく道のことだ。あなたは，中学・高校とどのような道を歩んできたのだろう。何が得意で，何が好きなのか。何を目指してこの大学に今いて，そして，この大学で何を見つけて何を得ただろうか。そのような，これまで歩んできた道で「得たもの」を，これからの人生にどのように活かしていきたいのだろうか。あるいは，これからの人生をのために，今，この大学で何を得るべきだろうか。

　そのように過去を振り返り，現在を見つめ，そして将来を見渡して，カギとなる言葉をノートに記してみよう。それが，「キャリア・プランニング」のプレゼンテーションを組み立てていくうえでの，一つひとつのパーツとなる。

❸アウトラインを考える

　「キャリア・プレゼンテーション」を考えるための「過去」「現在」「将来」についてのパーツ（カギとなる言葉）が揃ったら，それらのパーツを使って，プレゼンテーションのアウトラインを組み立ててみよう。

　過去，現在，将来のどの部分から始めるのか。例えば，次のようなアウトラインの立て方もあるだろう。

> 「自分の求める将来像」➡そのように考えるようになった「過去の経験」➡将来像に向かって「今努力していること」

　自分が最も強調したい部分は何か，それを話すのは最初か，最後か。5分間の時間配分はどのようにすればよいだろう。

　「アウトラインをつくらずに，いきなりスライドを作ってしまったほうがラクだし，時間の短縮にもなるのでは」と思うかもしれない。しかし，「プレゼンテーションは聴く人への贈り物」だ。思いつくままにスライドをつくるのではなく，「どのような構成で何を強調して話そうか」とプラン，つまりアウトラインを考案したほうが，聴く人の心に「変化」を起こして，より大きな「贈り物」をすることができるのだ。

10-02 プレゼンテーションの準備：スライドをつくる

　自分のキャリア・プランニングについてのキーワードとアウトラインを考えてノートに記すことができたら、そのアウトラインをもとにスライドを作成しよう。ここでは、スライドをつくる際の留意点をいくつか挙げていく。

❶スライドの構成

　一般的に、1枚のスライドには、「見出し」「ボディ（説明となる部分）」「結論」を入れるのが基本だ。例えば「キャリア・プランニング」についてであれば、図10-1のようになる。

見出し：「キャリア・プランニング」とは

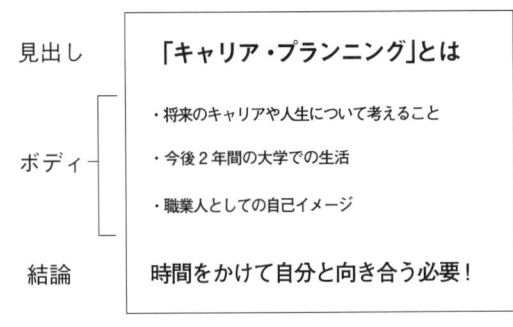

ボディ：
・将来のキャリアや人生について考えること
・今後2年間の大学での生活
・職業人としての自己イメージ

結論：時間をかけて自分と向き合う必要！

図 10-1　スライドの構成

❷スライドに多くを詰め込みすぎない

　ボディは、「1文は短く。文字は大胆に削る」が鉄則だ。例えばスライド2（図10-2）。文字ばかりで、読みにくくないだろうか。では、スライド3（図10-3）はどうだろう。スライド2に比べて、スライド3のほうがインパクトがありはしないだろうか。さらに、書かれている字数は少ないのに、発表者の言いたいことが聞き手にダイレクトに伝わってくる。

大学での学び

・高校までは英語に興味があって、大学でも英語をもっと勉強したいと思って入学した。
・心理学の授業で「感情」について学んだことがおもしろくて、心理学に夢中になっていった。
・どんなにすばらしい環境にいても、自分が幸せだと感じなければひとはほんとうに幸せにはなれないのではないかと考えた。

心理学を研究していくことを決意した

図 10-2　スライド2

大学での学び

英語に興味があって入学
⬇
心理学の授業で「感情」について学ぶ

心理学に夢中に！

ひとが幸せを感じるのは、環境か心か……

心理学を研究することを決意！

図 10-3　スライド3

スライド2は，話したいことを全てスライドに書き込んで発表しようとしている。読み上げるだけでよいので，発表者にとってはラクだ。でも聞き手にとっては，情報が多すぎて，どの部分を発表者が大事だと思っているのか伝わってこない。スライドの方を向いて読み上げてしまうので，「話す」という「聞き手にプレゼントを渡す」行為となりにくい。また，スライドを読むだけだと話をふくらますことができず，どんどん次のスライドに行ってしまう。話が単調になり，聞き手が置いて行かれた状態になりがちだ。

一方，スライド3は，要点を押さえた箇条書きなので，聞き手は話のポイントがつかみやすい。発表者にとっても，この箇条書きが，話すべき内容の手がかりとなる。

ただ単にスライドを読み上げるより，スライドに書かれてある箇条書きを頼りに，つかえながらでも自分の言葉で話をつむいでいくほうが，話し手の「伝えよう」という気持ちが伝わって，聞き手も話に心を傾けることができる。そして，最後に結論を短い言葉で記すことで，そのスライドで言いたいことを聞き手に伝えることができる。

❸スライドと説明を一致させる

次に，説明と内容がうまくマッチするスライドをつくるためのポイントを考えよう。

例えば図10-4のスライドだ。このスライドを説明するときに，例えば「アルバイトを通じて，さまざまな学びがありました」と単に読み上げるだけでは，どのようなできごとがあり，そこから何を学んだのか，聞き手には伝わらない。そこで，

> 「アルバイト先の店長や先輩から，さまざまなことを学びました」

と話すと，少し具体的になって理解しやすくなる。それでも聞き手はまだ，「さまざまって，どのような？」「そもそも，どのようなアルバイトをしていたのだろう」と思うのではないだろうか。そこでさらに，

> 「アルバイトでは〇〇の店員をしているのですが，ある日，休憩時間に，調理の年配の方と話をする機会がありました。その方からは，この仕事に就くまでにどのような仕事を経験してきたか，どんな失敗があったかも教えていただきました。どんな仕事に就いても，それぞれにたいへんなのだ，厳しいものだということを学びました」

などと具体的に話せば，聞き手は，「なるほどなあ。アルバイトでそんなよい経験ができたんだな」と共感することができる。

しかし，これだけ色々な話をしようとすると，図10-4のスライドでは，言いたいことを忘れてしまい，うまく説明できないかもしれない。さらに，もう一つの話題である「心理学に興味」についても，同じくらい具体的に話す必要がある。

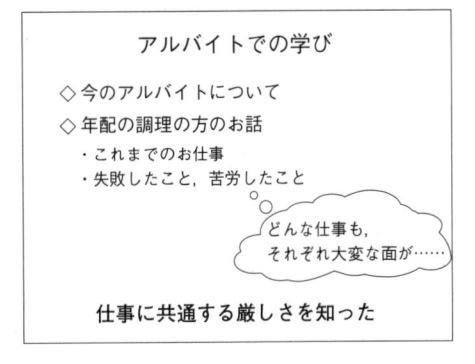

```
┌─────────────────────────┐    ┌─────────────────────────┐
│     大学で得たもの        │    │    アルバイトでの学び      │
│                         │    │ ◇ 今のアルバイトについて    │
│  ・アルバイトでの学び      │    │ ◇ 年配の調理の方のお話     │
│                         │    │    ・これまでのお仕事       │
│  ・心理学に興味           │    │    ・失敗したこと，苦労したこと│
│                         │    │         ╭─────────╮     │
│                         │    │         │どんな仕事も，│    │
│                         │    │         │それぞれ大変な面が……│
│                         │    │         ╰─────────╯     │
│                         │    │    仕事に共通する厳しさを知った│
└─────────────────────────┘    └─────────────────────────┘
    図 10-4 大学で得たもの          図 10-5 アルバイトでの学び
```

　そこで，「アルバイトでの学び」と「心理学に興味」とを別々のスライドに分ける。「アルバイトでの学び」については，図 10-5 のようにアルバイトに特化したスライドを作ってしまう。

　そして「心理学に興味」については図 10-3 のような，別のスライドに仕立てる。

　このように，スライドと口頭での説明をうまく組み合わせれば，聞き手にあなたの考えが伝わりやすくなる。スライドと連動して具体的な例を交えながら話すことが，聞き手に伝わる，つまり「贈り物」を渡すことができるプレゼンテーションの，カギなのだ。

❹ リハーサルを行う

　プレゼンテーション資料を作成したら，時間通りに話せるようにリハーサルをしよう。

　決められた時間よりも短すぎる場合は，「読み上げ型」のために，話を膨らませることができていない場合が多い。時間を超過してしまう場合の原因の一つは，話の詰め込み過ぎだ。もう一つの原因は，練習不足だ。話すべき内容を自分で理解していなくて「えーっと，えーっと」と話が続かず，言葉を探しているうちに，時間がどんどん過ぎていく。

　短すぎる「読み上げ型」の場合は，どこかに，具体的に話す部分を作っておこう。「詰め込み過ぎ型」の場合は，1 枚スライドを削る勇気も必要かもしれない。「練習不足型」の場合は，1 度か 2 度練習するだけでも，ずいぶんスムーズに話せるようになるものだ。

　プレゼンテーションは，聞き手がいてこそ成り立つのだ。できることなら友だちに聞いてもらい，「聞き手」としての感想を教えてもらおう。そうすれば，足りないところや改善点がみえてくる。練習を行って改善を重ねることは自信にもつながる。

　そして，プレゼンテーションにはどうしても，「緊張」がつきものだ。普段の生活では，大勢の人の前で話す機会などほとんどないのだから，アガってしまって当然だろう。しかし聞き手は案外，話し手の「アガり」よりも，プレゼンテーションの内容そのものに意識を向けているものなのだ。アガるのは仕方がない——ある程度そのように諦めてしまうことと，練習を重ねることが，落ち着いてプレゼンテーションできるコツなのだ。

10-03　プレゼンテーションの実施

❶プレゼンテーションに必要な「3つのV」

　プレゼンテーションとは，聞き手への贈り物を届けること。ここまで，それを前提に，「相手に伝わるプレゼンテーション」となるよう，プレゼンテーションの案を練り，スライドを作成し，リハーサルを行うことについて考えてきた。

　ここで，実際にプレゼンテーションを行うにあたって，発表者が意識しておきたい「3つのV」がある。それは，Visual，Vocal，Verbalだ。

表10-1　3つのV《メラビアンの法則より》

Visual（視覚情報）	●立っている姿　●視線の送り方 ●顔の表情　●身振り手振り　など
Vocal（聴覚情報）	●声の質（暖かい，冷たい，高い，低い） ●声の大きさ　●話す速度　など
Verbal（言語情報）	●敬語表現　●言葉のチョイス ●話の内容　など

　人は，他の人が発する言語メッセージと表情などの非言語情報が異なっている場合（「大丈夫です，安心してください」と言いながら，うろたえた表情をしているときなど），55%は見た目，表情，視線，仕草などの「視覚情報（Visual）」，38%が聴こえてくる声の速さ，大きさ，質などの「聴覚情報（Vocal）」，そして残りの7%が言葉の選び方や内容などの「言語情報（Verbal）」で判断するとのデータがある。これが，いわゆる「メラビアンの法則」だ。

　「見た目が一番大切」であるといいたいのではない。重要なのは，プレゼンテーションにおいても，3つのVのどれもが聞き手に意識されている，ということだ。プレゼンテーションの内容とともに，聞き手からどのように見えるか（Visual），声の調子はどうか（Vocal），言葉遣いは適当か（Verbal）なども，意識する必要があるということだ。その意味でも，ただ読み上げるだけのプレゼンテーションでは，聞き手には伝わらないのだ。

❷プレゼンテーションは対話

　このように発表者は，聞き手に贈り物を届ける「相手に伝わるプレゼンテーション」となるように，努力し工夫して，プレゼンテーションに臨んでいる。

　しかし，いくらすばらしい贈り物を贈ったとしても，渡した相手が受け取ってくれなければ悲しいものだ。プレゼンテーションにおいては聞き手も，実は重要な役割を果たすのだ。さまざまに工夫されたプレゼンテーションをきちんと受け取って，その感想を態度や言葉で

示すことが要求される。プレゼンテーションは「対話」だからだ。

　無反応な相手に対して話をし続けるのはつらいものだ。プレゼンテーションの場合，発表時間の間は，話し手がほぼ一方的に考えを提示し続けなければならない。しかし，発表が終わった時点で，その発表に対して質問・コメントすることが，「きちんと聞いていたよ」「関心をもって聞くことのできる内容だったよ」という対話のサインなのだ。

　そして，プレゼンテーションに対する質問・コメントが重要なのは，話し手のためだけではない。質問しコメントを返すことが，自分のプレゼンテーション上達のためのよい練習にもなるのだ。質問・コメントをするために他の人のプレゼンテーションを一生懸命に聞くことで，よいところ，工夫すればさらに良くなる部分が見えてくる。つまり，よい発表とは何か，自分のプレゼンテーションもそのような改善が可能か，実践的に理解できるわけだ。

　一つのプレゼンテーションに対して必ず一つは質問を見つけよう。そう思ってプレゼンテーションを聞くことが，自分のプレゼンテーションの勉強にもなるのだ。

❸どうして質問やコメントができないのか

　「人のプレゼンテーションに質問・コメントすることが大切だ」と言われても，しかし，すぐに実行に移すことはなかなか難しい。それにはいくつかの理由がある。

① 集団がもつ効果：傍観者効果

　集団でいることの影響の一つに「傍観者効果」というものがある。

　自分一人であればきっと援助を行ったはずのことでも，大勢でいると「誰かがやってくれるだろう」と，行動を起こさなくなる。それが傍観者効果だ。私たちも，誰かとの1対1の会話であれば，相手の話に対してコメントや質問ができるはずだ。しかし，大勢でプレゼンテーションを聞くと，「誰かが質問をするだろう」とみんなが思い，質問やコメントが出ずに気まずい沈黙が続く。そのような経験をしたことはないだろうか。

② 質問・コメントは，話し手を困らせるのではないか

　「質問やコメントするのは，せっかくのプレゼンテーションにケチをつけたり，批判している気がする」「質問をすると話し手を困らせるのではないか」と思い，質問やコメントを考えついても遠慮してしまうこともある。しかし実は，発表後に，誰からも感想も質問も出ないほうがよっぽど，話し手にとって気まずいものなのだ。

　マザー・テレサ[1]の格言に「愛の反対は憎しみではなく無関心」という言葉がある。発表後に挙手があれば，自分の発表を聞き手が熱心に聞いてくれた，関心をもってくれた，とい

---

1) 1979年のノーベル平和賞受賞者。カトリック教会の修道女。インドカルカッタの貧民街で，貧しい人，病んだ人，路上で死を待つだけの人たちの救済のために一生をささげた。

う印象を発表者は受けるのだ。

さらに，質問やコメントの意味を理解し，自分の中にある情報や考えをまとめて説明することは，論理的に考える力を発表者が磨くためのよい練習となる。

質問・コメントは，発表者を困らせるものではないこと，反対意見であっても，発表をさらに良くするための「新しい情報の提供」となることを理解して，聞き手からも発表者に「反応」という贈り物をしてあげたいものだ。

③ 質問やコメントに自信がもてない

手を挙げて質問したりコメントすることに気恥ずかしさを感じる人もいるだろう。その「気恥ずかしさ」の背景には，「自分の質問はつまらないのではないか」「自分の理解が足りないだけかもしれない」「さっき同じ質問が出てしまったから，もう聞けない」など，自分の質問やコメントへの自信のなさがあるのかもしれない。

しかし，自分では「つまらないかも」と思う質問が，プレゼンテーションの大事な情報を引き出すことも多い。例えば，「なぜその資格を取りたいと思ったのですか」などの問いから，発表者の深い気持ちをみんなが知るきっかけになることもある。

一度出た質問でも，自分の言葉でもう一度聞いてみると，異なる角度からの答えが返ってくることもある。「プレゼンテーションのここが良かった」とのコメントのみでも，自分と違う視点からの意見は，発表者にとっても一緒に聞いている学生にとっても勉強になる。

プレゼンテーションとは，話し手だけでなく，聞き手もともに作っていくものなのだ。

10-04　プレゼンテーションの省察

❶ プレゼンテーションを終えてから学べること

決められた日時にプレゼンテーションを行い，質疑応答までこなしたのち，発表者が最も多く口にする言葉が「あぁ，緊張したー」である。言い換えれば，それだけエネルギーを使って発表をしたということだろう。一つの役目を終えた充実感も含まれているに違いない。

しかし，よいプレゼンターへとレベルアップしていくためには，「あぁ疲れた」で終わってしまうのでなく，自分の発表を振り返り，省察することが大事だ。

例えば表 10-2 の項目を振り返ってみよう。

表 10-2 にあげた項目はいずれも，実際にプレゼンテーションを体験して初めて学べることだ。予期せぬ質問に，つい「素」の自分で対応してしまうこともある。質疑応答も含めて，プレゼンテーションは，自分の強みやもう少し伸ばしていきたいところに気づくよい機会となるのだ。

表 10-2　発表を振り返ってみよう

【プレゼンテーション】
●目線や姿勢，声の大きさ，言葉づかいなどの 3V は意識できたか。
●聞き手はこちらの話を興味深そうに聞いているように見えたか。
●きちんと相手と「対話」しようとする姿勢をつらぬけたか。
【質疑応答】
●「よくわからない」と言われた部分はなかったか。
●「もっと聞きたい」と言われた部分はどこか。
●質問疑問に対して，的を得た回答ができていたか。
●素直な態度で受け答えができていたか
【終わってから】
●自分の考えた展開は本当に相手にわかりやすいものであったか。
●聞き手に対してもっと意識を向けることができたのではないか。
●自分の話し方のどこに弱点があるのか。またはより良くできる点はないか。

❷一つ上のプレゼンテーターになるには

　では，プレゼンテーションをさらに上達させるためには，何を心がければよいだろう。日常でも，練習することは可能だろうか。

①「相手に合わせた伝え方」を考える

　小学生との会話，ご年配の方との会話。言葉づかいが違ってくるのは当然だが，相手への伝え方も変える必要がある。例えば，「もう帰りましょう」という誘い。小学生には「今日のテレビ，なんだったかな。間に合うように帰ろうか」。ご年配の方には「身体が冷えると毒ですから，そろそろ帰りましょうか」と言うことで，それぞれの納得が得られるかもしれない。伝えていることは「帰ろう」なのだが，最適の伝え方が相手によって違うのだ。

　言い換えれば，日常の全てがプレゼンテーションの練習の場なのだ。「相手に合わせた伝え方」を日頃から考えることは，異なる聞き手を相手にプレゼンテーションを行う際に，そしてこの先の人生で，誰にどのような場でプレゼンテーションを行うことになろうとも，応用力をつけていくのに役立つ。

② センスを養う

　他の人が人前で話をするのを聞く機会も，実は私たちは多くもっている。大学の授業は先生たちのプレゼンテーションであり，学生と「対話」を行う場だ。結婚式やパーティーといったお祝い事，お悔みの場で，誰かがスピーチをするのを聞くこともあるだろう。また，あなた自身がサークルなどで意見を述べることもあるだろう。

　そのようなとき，話をしっかりと聴いて，自分がどのように感じたか確かめてみよう。ま

た，自分の話が周りにどのような変化を与えたか確かめてみよう。そのような「対話」のストックを増やすことが，プレゼンテーションのセンスを養うことにつながる。

③ 心を伝える

そして最後に。伝え方にはテクニックも必要だが，それ以上に「まごころ」が大事なのだ。相手のことを思いやる心，誠実さやまじめさが伝われば，ぎこちなくとも，相手は反応してくれるものなのだ。「プレゼンテーションは，相手に贈るプレゼント」。このことを忘れないでほしい。

【引用・参考文献】

ニューマン，M.・小西あおい（2014）．『パーソナル・インパクト―「印象」を演出する，最強のプレゼン術』ソル・メディア

マレービアン，A.／西田　司・津田幸男・岡村輝人・山口常夫［訳］（1971）．『非言語コミュニケーション』聖文社（Mehrabian, A. (1971). *Silent messages: Implicit communication of emotions and attitudes*. Belmont, CA: Wadsworth.）

Latané, B. & Darley, J. M. (1970). *The unresponsive bystander: Why doesn't he help?* Englewood, CA: Prentice Hall.（ラテネ，B.・ダーリー, J.／竹村研一・杉崎和子［訳］（1977）．『冷淡な傍観者―思いやりの社会心理学』プレーン出版）

まとめの課題

①基本課題

1) プレゼンテーションのアウトラインに盛り込むためのキーワードを「過去」「現在」「将来」それぞれ5つずつ考えてみましょう。

[過去]

_____
_____
_____
_____
_____

[現在]

_____
_____
_____
_____
_____

[未来]

_____
_____
_____
_____
_____

2) 1)で考えたキーワードを用いて、プレゼンテーションのアウトラインを作ってみましょう。作成したアウトラインのキーワードと内容を見直し、どこに一番時間を割いて詳しく説明するか、どのように結論をまとめるかを決めましょう。

②応用課題

1）アウトラインに従って，プレゼンテーション資料を作成してみましょう。

2）クラスの人とペアを組んで，ストップウォッチなどを用いながら，プレゼンテーションのリハーサルをしてみましょう。相手のプレゼンテーションを聞いて，質問・コメントをします。また，自分のプレゼンテーションへの相手の質問・コメントを受けて，プレゼンテーションを改善してください。

③発展課題

プレゼンテーションを行った感想，良かった点，改善すべき点を記しましょう。

コラム⑤　これから求められるT型人材とは

　　　　　　　　　　　　　　　　　　　　　　　　　　玉田浩之

　私たちを取り巻く社会環境は，急速にそして大きく変化しようとしています。グローバル化，技術革新の進展，エネルギー不足，人口構造の変化，産業構造の変化，ワークスタイルの多様化など，ニュースで取り上げられる言葉に現代社会の変化を感じ取っている人も少なくないでしょう。社会の急速な変化は，これまでに未経験の新しい問題を次々と生み出し，常識としてきた知識や価値観，方法論が通用しない状況をもたらします。このような新しい問題に対処するためには，新しい発想によって新しい価値を生み出すこと，いわゆる「イノベーション」を起こすことが必要になります。よりよい社会を創造するために，常識を打ち破る新しいアイデアを生み出せる人材が今後いっそう強く求められるようになるでしょう。

　新しいアイデアを生み出すには，異分野の人々との協働が有効とされています。さまざまな専門家との連携を成功させるためには，参加するメンバーが専門分野の知識・経験・スキルだけでなく，多様な分野の知識を備えている必要があります。このような深い専門性をもちながらも幅広い知識を備え，アイデア実現のために他の専門家と協働できるような人材を「T型人材」といいます。Tの字の縦軸を専門性，横軸を幅広い知識に見立てた造語です（図1）。具体的には，経営戦略を学んだデザイナーやエンジニア，デザインを学んだエンジニアやビジネスマンなどをイメージするとよいでしょう。複数の分野を横断する思考ができると，立場の異なる人とも連携がしやすくなり，新しいアイデアが生まれやすくなるのです。

　T型人材になるには，将来自分は何を目指そうとしているのかを早い段階でイメージしておくことが大切です。将来やりたいことをイメージすれば，軸となる専門がみえてきます。幅を広げるばかりで，専門がいつまでたっても確立されないのでは，本末転倒です。自分なりのしっかりとした軸をつくったうえで，専門外の知識やスキルを身につけるようにしたいものです。

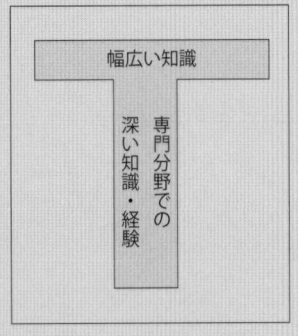

図1　T字型人材モデル

11 キャリア・デザインの大切さとその方法

坂本理郎

11-01　キャリアとは何か

　皆さんは「キャリア（career）」という言葉の意味を知っているだろうか。（実はこの言葉の「語源」についてはすでに第1章や第10章で出てきているのだが）知っているという人も、わからないという人も、「キャリア」という言葉から、どんな事柄やイメージを連想するだろう。

　とくに正解があるわけではないので、どんな言葉でも、思いつくままメモに書き出してみよう（この本を閉じて、3分くらい考えてみよう）。

　さて、どんな言葉が思い浮かんだだろうか。ここで挙がったいくつかの言葉は、あなた自身が「キャリア」に関して知っていることや、抱いている印象を表していることだろう。もう一度、それらの言葉を見渡してほしい。全体的に、「なにか堅苦しい」「難しそう」、あるいは「自分とはなじみがない」「よくわからない」と感じた人もいるのではないだろうか。

　さあここで、「キャリア」とは何かを考えてみたい。キャリアに関する研究の第一人者である金井壽宏は、「キャリア」を次のように定義している。

> 　成人になってフルタイムで働き始めて以降、生活ないし人生（life）全体を基盤にして繰り広げられる長期的な（通常は何十年にも及ぶ）仕事生活における具体的な職務・職種・職能での諸経験の連続と、（大きな）節目での選択が生み出していく回顧的意味づけ（とりわけ、一見すると連続性が低い経験と経験の間の意味づけや統合）と、将来構想・展望のパターン（金井, 2002：141）。

　一読しただけではわかりにくいかもしれないが、金井の定義には、次の4つのポイントが含まれている。

❶いつ，どこで，どんな仕事を経験してきたか

「キャリア」とは，とても簡単にいえば「職業経験の積み重ね」だ。日本の場合，多くの学生は，フルタイム（1日のうち数時間を部分的に働くのではなく，例えば朝8時から夕方5時まで働く形態）で週40時間以上を一定期間継続して働いた経験はないだろうから，「キャリア」と聞いても自分の身近に感じない人がいたとしても当然かもしれない。

しかし一方で，皆さんの多くは，短大や大学を卒業した後いずれ何らかのカタチで仕事に就き，その経験を多かれ少なかれ積み上げていく。したがって，実はキャリアは皆さんにとって身近なものになる。

またキャリアとは，どんな職業に就いている人であっても，仕事をしている限り積み重なっていくものである。つまり，有名企業に勤めているビジネス・パーソンや国家公務員のエリートだけにキャリアがあるのではなく，中小企業で働く人であっても，独立自営業者であっても，地方公務員でも高校教員でも農家でも，全ての働く人々にキャリアがあるのだ。

❷その経験に対する意味づけ

上で述べたとおり，「いつ，どこで，どんな仕事を経験してきたか」というのは歴史的な事実であり，例えば履歴書に文字として書けば誰にでもすぐ理解される。このような意味でキャリアを捉える視点を，客観的キャリアあるいは外的キャリアと専門的にはいう。

しかし，私たち人間は，自分の行為に何らかの意味をもとうとする生きものだ。キャリアにおいても，「なぜ，何のために」その仕事を始めたのか，そして続けているのか，あるいは辞めてしまったのか，という理由づけが人それぞれに行われていることだろう。

例えば，地方都市のN市役所に勤務するAさんは，地域の市民に奉仕をしたいと思って公務員を続けているかもしれないし，同じ市役所に勤務するBさんは，公務員の仕事の安定性に魅力を感じて仕事をしているのかもしれない。たとえ同じ組織や仕事で働いていたとしても，その意味や理由づけは人それぞれ多種多様に存在している。

このような視点は，主観的キャリアあるいは内的キャリアと専門的には呼ばれる。

❸将来構想・展望

金井による定義の最後には，「将来構想・展望のパターン」とある。これは，「キャリア」が単に過去の事実やそれに対する意味づけなのではなく，今後に向けてどうありたいのかという視点も含むことを意味している。ただし，その将来のイメージは，過去や現在とまったく無関係なのではなく，その延長線上につながりをもって（つまり，過去や現在の自分と統合されるように）意味づけられる。

このように，自分の将来キャリアを過去や現在の統合する形で描くことを，一般に「キャリア・デザイン」と呼ぶ。そしてその結果，導き出された将来イメージを「キャリア・ビジ

ョン」という。

❹仕事以外の生活，人生が基盤

　最後に，キャリアの意味を考えるうえで重要な視点がもう一つある。それは，キャリアが人生全体の一部分であるということだ。もちろん，社会に出て何らかの職業に就いた人は，多くの場合，週5日間，1日24時間の3分の1（8時間）以上の時間を仕事（職業生活）に費やすようになるだろう。しかし逆にいえば，残りの時間は仕事以外に使っているとも考えられる。この残りの時間に私たちは，趣味を楽しんだり，家族と団らんしたり，資格の勉強をしたり，地域の活動に参加したりしている。こういったさまざまな生活領域での活動を束ねて1つにしたものが，私たち一人ひとりの人生全体である。

　だから，キャリアとその他の生活は切っても切れない関係にあるし，互いに影響を与えあってもいる。例えば，仕事でうまくいかない時は，その気持ちを引きずって家族につらく当たってしまったり，その逆に家庭内での問題が仕事への集中力を奪ってしまったりということもあるだろう。反対に，仕事がうまくいっているので家族や友人とも楽しく過ごせるといったことや，家族や友人との生活が充実しているから，仕事に精を出せるといったこともあるだろう。

　また，選んだ仕事の働き方によって，プライベートの過ごし方が変わってくるという面もある。例えば，平日の朝8時から夕方5時までが基本という仕事と，朝と夜のシフト制や休日が不定期のような働き方の仕事を比べれば，プライベートな時間の過ごし方や生活のリズムはかなり異なるだろう。

　もちろん，仕事もそれ以外の生活も全て充実させたいという人もいれば，仕事が中心で他はほどほどでもよいという人もいるし，その反対に，仕事はほどほどでいいからそれ以外の生活を充実させたいという人もいる。仕事に重きを置くか，それ以外の生活に重きを置くかも，人生のさまざまなステージにおいて変化する。例えば，仕事が中心だという人も，子供の養育や家族の介護が必要なときには，プライベートな生活を重視したいと思うかもしれない。いつ，何に，どれくらい重きを置くのかは，人それぞれの価値観や人生のステージによって多様であり，正解はない。大切なのは，キャリアをデザインするときに，人生全体を視野に入れるということである。

11-02　キャリアをデザインする意味

　先ほど述べたとおり，「自分は将来，どんなキャリアや人生を歩んでいきたいのか」を考えるのが，キャリアをデザインするという行為だ。
　「こんなキャリアや人生が正解」などということはない。どんなキャリアや人生でも，重要

なのは，あなた自身がデザインしたかどうかということである。

　キャリアをデザインすることによって，あなたには将来の夢や目標（ビジョン）とそこに至るまでの道筋（プラン）が，ぼんやりとでも見えてくるだろう。その夢や目標，道筋があることによって，日々のしんどいことがあっても，頑張ろうという気持ちを持ち続けることができる。また，それを家族や親友など，自分にとって大事な人と共有することによって，その人たちからの支援や励ましをもらったりすることもあるはずだ。

　また仮に，デザインした将来が実現しなかったとしても，それは自分自身の選択であるから納得できるだろうし，そこに向かって努力し歩んできた事実に対しては，誇りや自信を感じることができるはずだ。

　しかし一方で，こんな先行き不透明な現代社会にあって，「将来のことをデザインするなんて，無駄だ」と考える人も，やはりいるだろう。しかし，もし自分のキャリアや人生を自分でデザインすることがなかったらどうなるだろうか。「その場その場で臨機応変に」といえば聞こえはよいかもしれないが，結局のところ，世の中の流れや他人の影響に乗って「漂流」することにはならないだろうか。

　もちろん，キャリアや人生には正解も不正解もないのだから，その結果として起こることを全て自分の責任だと引き受けることができるなら，あえて「デザインしない生き方」を選ぶ人がいてもよい。そうではなくて，たとえデザイン通りにいかなくとも，自分のキャリアや人生を自分が思い描く方向に実現することに挑戦してみたいという人は，キャリア・デザインの考え方を知ってほしい。

　それでは，いつキャリアをデザインすればよいのか。学生の皆さんにとって，それは「いま」だ。短大生や大学生というのは，社会人や大人になるための移行期間（人生の節目）ということができる。高校を卒業してすぐに就職すれば，このような長い移行期間は許されないが，皆さんにはその時間が目の前にある。そしてこの人生の節目は，おそらく誰にとっても，たいへん大きな意味をもつものになるだろう。

　それでは，いつまでにキャリア・デザインを終えればいいのか。

　米国でキャリア理論の基礎をつくったスーパーによれば，それは在学中に終わるのではなく，社会に出てからもしばらく続く（Super, 1957）。表11-1にあるとおり，皆さんは「探索期」にあり，それは卒業後もしばらく続くとスーパーは考えている。

　またスーパーは，一つの発達段階から次の段階へと登っていく節目に，小さな「成長期」や「探索期」などが繰り返されるともいう。つまり，一度「確立期」や「維持期」に進んだ後にも，悩んだり考え直したりする時期が何度もやってくるということになる。言い換えれば，キャリア・デザインは人生の節目，節目で何度も行う必要があるのだ。

　「キャリア・デザインと一生つきあうなんて面倒だな」，と思う人の気持ちもわかる。しかし，そうやって自分自身と向き合い続けることが，人間として生きていくということなのかもしれない。

表11-1　スーパーによるキャリアの発達段階と発達課題（Super（1957）を基に筆者作成）

中学生くらいまで	成長期	●自分がどういう人間であるか（自己概念）をつくる。 ●職業世界への積極的な態度を養い，働くことの意味を理解する。
高校，大学時代から卒業後数年間まで	探索期	●家庭，学校，アルバイト等のいろいろな状態の中で仕事をし，自己概念を試してみる。 ●「もがき」や「試し」を経験する。
20代後半から40代前半まで	確立期	●自分の資質や経験を総ざらえし，自分がしたいこと，できることを知り（自己理解），自分の人となる（自己受容）。 ●自分が満足できるキャリアがどこにあるのかを知る。
65歳くらいまで	維持期	●職業世界において「ところ」を得る。 ●仕事とともに，家庭および地域社会でも満足を得る。
65歳以降	下降期 （解放期）	●自己概念を変容させる必要があると気づく。 ●身体・精神的能力の低下に合わせて，職務を変容する。 ●仕事以外での自己実現の機会を見出す。

　筆者はこれまで，キャリア・カウンセリングや研究などを通して，多様なキャリアをもつ多くの人々と出会ってきたが，客観的な学歴や職歴に関係なく，なんども迷い，悩み，自分と向き合いながら生きてきた人々に人間としての魅力を感じる。そして，そのような人々は決して特別な存在ではなく，身近などこにでもいる。皆さんの近くにも必ずいるはずだから，探し出して話を聞いてみるとよいだろう。

11-03　キャリアをデザインするための方法

　では，自分のキャリアをデザインするためにはどうすればよいのかを考えてみたい。一般的には，図11-1の❶〜❸のように3つのステップでキャリアをデザインする

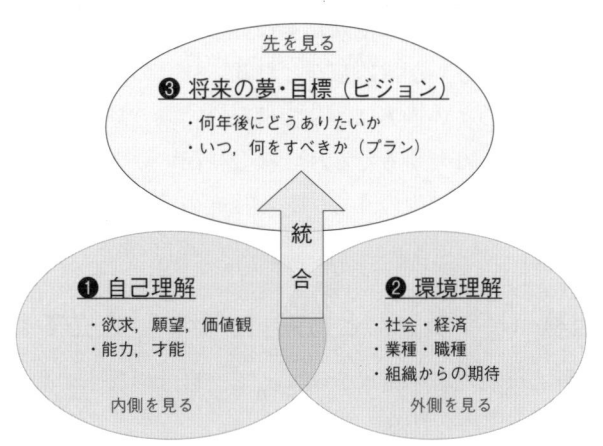

先を見る
❸ 将来の夢・目標（ビジョン）
・何年後にどうありたいか
・いつ，何をすべきか（プラン）

統合

❶ 自己理解
・欲求，願望，価値観
・能力，才能
内側を見る

❷ 環境理解
・社会・経済
・業種・職種
・組織からの期待
外側を見る

図11-1　キャリアをデザインするための3つのステップ（筆者作成）

❶自分自身を理解する：自己理解

まずは，自分自身がどんな人間なのかを知る必要がある。具体的には，以下の3つの問いについて考えてほしい。

> ①自分は何がやりたいのか（興味，欲求，願望）
> ②自分の強みは何か。何ができるのか（能力，才能）
> ③仕事をするうえで何を大切にしたいか。どんな時にやりがいを感じるか（価値観）

3つめの「価値観」については，他の2つよりもやや深い問いなので，じっくりと時間をかけて探ればよいだろう（ひょっとすると一生をかけて探し続けるのかもしれない）。

このような3つの問いについて考えるうえで材料となるのは，自分自身の過去の経験だ。これまでの自分の人生を振り返って「個人年表」や「自分史」を作成してみるとよいだろう。また，この章の最後に，自己理解のための問いをいくつか用意しているので，試してみてほしい。

❷社会や職業の現実について理解する：環境理解

自己理解の次に（あるいは同時に）行うのは，私たちのキャリアや人生に影響を及ぼしそうな社会の状況や変化について，現実的な理解を深めることだ。わざわざ現実的というのは，ポジティブな面のみならず，ネガティブな面も合わせて理解をしてほしいという意味だ。

具体的には，世界や日本の政治・経済の動き，産業社会を構成するさまざまな産業（業種）とそれらのつながり，企業など組織の仕組みとそれを構成するさまざまな職業（職種），働くこと（労働）に関する法律や慣習，などといった項目が挙げられる。

さらに就職活動を迎える際には，自分自身が入社を希望する組織が，従業員にどのような期待をするか（もし入社したら何をしなければならないか）も理解する必要があるだろう。そこには当然，皆さんが積極的にはやりたくないことも含まれる。

先ほど「ネガティブな面も」と指摘したとおり，社会の動向にしても，企業の期待にしても，皆さんにとって都合のよい事実ばかりではない。乗り越えなければならない壁や簡単には解決できない矛盾も立ちはだかるだろう。社会に出ていきなりそのような現実に直面するよりも，予防接種のように，学生のうちにある程度の情報をもち，覚悟をもっておく方がショックは少なくなる。

❸将来の夢や目標（ビジョン）と道筋（プラン）を立てる

最後に，自己理解と環境理解の結果をふまえて，自分の将来の夢や目標を考える。この時，2つの意味で「統合」が求められる。

第1に、第1項でも述べたとおり、キャリア・デザインによって導き出される将来イメージ（キャリア・ビジョン）は、過去や現在の自分自身の延長線上にある必要がある。つまり、過去や現在の自分と将来の自分のイメージが統合されている必要があるのだ。

その統合の仕方には客観的な正解はない。米国で著名なキャリアの理論家サビカスは、正確な事実よりも、自分自身にとっての「物語的な真実」の方が重要だという（Savickas, 2015）。つまり、第三者が見て納得がいかなくとも、自分なりに「これが真実」だと感じられるキャリア・デザインを行うことができればよいということになる。

ただし、サビカスは、そのようなキャリアの物語は一人で形作られるのではなく、他者との語りを通じてつくられるともいう（Savickas, 2015）。つまり、自分なりのキャリアの物語を他者と共有することも重要だといえる。筆者はとくに、家族や友人、職場の上司や同僚などの中で、自分にとって大切な人物と自分のキャリアの物語を共有することが大事だと考えている。なぜなら、誰にも理解されない物語を一人で抱えていても、必要な支援が得られず、実現が困難だからだ。したがって、自分にとって重要な人々に自分自身のキャリアを物語り、理解してもらうように努めることが必要である。

第2に、自己理解と環境理解の結果が統合されていることが重要である。つまり、自分の興味や能力、価値観といった個性が、社会や（企業など）組織の現実の中で、どのように発揮され貢献できるのかを考えるということだ。もし自己理解と環境理解の結果が統合されておらず、まったく無関係なままで将来の夢や目標が語られたとすれば、それは実現可能性の低いビジョンとなってしまう。

就職活動を例にあげると、自己理解と環境理解の統合が不十分であれば、自分自身の強みと合っていない仕事や企業への志望や、自分の「やりたいこと」ばかりを考え、どのようにその企業（組織）からの期待に貢献できるかを考えない、といった事態が心配される。

さてここで、架空の大学生 A 君がキャリア・デザインをした例をあげてみよう。

> まず、自分自身の個性の理解（自己理解）を行ったところ、自分は大学で外国の歴史や文化に関する授業をいつも楽しく受講しており、日本とは異なる文化に対する興味が強いことを認識した。同時に、中学、高校時代から英語だけは熱心に勉強して成績も悪くはない。大学でのネイティブの教員と英語でディスカッションする授業の単位をたくさん修得している。そんな自分の英語力に多少の自信もあることから、外国人も多く来訪するテーマパークでアルバイトを続けている。そのアルバイトでは、道に迷っているお客様に積極的に声をかけるなどしてサービス精神を発揮している。お客様に喜んでもらえることが、時給よりも自分のモチベーションになっていると実感できている。
>
> 一方で、世の中の動きに目を向けてみた。年々、日本を訪れる外国人は増加してい

る。為替や世界経済の影響もあると思われるが、この大きな流れは変わらないと思われる。東京や大阪といった大都市や京都や鎌倉といった有名な観光地はもちろん、全国津々浦々で外国人観光客を見ることができ、観光産業の今後の発展が期待できる。

A君はこのような環境の中で旅行代理店に興味をもち、いろいろと調べてみたところ、「旅行業務取扱管理者」という資格や、語学力、ホスピタリティが求められるということがわかってきた。資格はまだもっていないが、英語力やアルバイトで培ったサービス精神を活かすことはできそうだ。

そこでA君は、自分自身の将来のビジョンを、次のように決めた。大学卒業後、訪日外国人向けの旅行代理店に就職して経験を積み、日本の伝統文化を発見できるような旅行を外国人観光客に提供できるようになりたい。日本の伝統文化を取り上げたのは、海外からの外国人が、東京や京都など有名な観光地めぐりやショッピングだけでなく、日本文化の奥深さを感じ取ってほしいと思ったからだ。

最後にA君は、大学在学中にできることを考えてみた。英語だけでなく急増する中華圏の観光客に対応できるように中国語も学びたい。できれば旅行業務取扱管理者の資格取得に向けた勉強もしておきたい。多忙なワーク・スタイルも予想されるので、体力強化も必要だ。もちろん、日本文化のことは大学の授業で学んでおこう。

以上が、A君のキャリア・デザインだ。しかし、A君のように明確に、キャリア・デザインができる人ばかりではないだろう。また、将来の夢や目標とそれに向けての計画がなければ進路選択をしてはいけないのかといえば、そうではない。それがわからないからといって、いつまでも学生を続ける人はいないだろう。むしろ、自分が本当に進みたい道や、やりたい仕事を学生時代に見出す人の方が少数なのかもしれない。

現実には、夢や目標がなくとも、思い切って社会に一歩踏み出すことが必要である。また、人生とは選択の連続で、決して平たんな道のりではない。人生の節目に応じて進路を変更することもある。したがって、社会に出てからも、さまざまな経験を積みながら、本節で述べた❶〜❸の3つを考え続けることによって、本当に納得できるキャリアや人生が見出される。それはおそらく、私たちがこの世を去る日まで考え続けていくべき課題なのだろう。

11-04　偶然性を活かしたキャリア

ここまでは、キャリアをデザインすることの重要性とその方法について考えてきた。しかし、キャリアは思い描いたように上手く進むとは限らない。もう1人の米国のキャリアの理論家クランボルツらは、「キャリアの80%は偶然性によってできている」という（Krumboltz & Levin, 2010）。

やはりキャリアなんてデザインする意味はないじゃないか，と思われるかもしれない。一方でクランボルツは，2005年に来日した際の講演でこうも述べている。

> 計画は鉛筆で書き，いつでも消しゴムを持っておこう（クランボルツ，2005）。

つまり計画はまったく無駄ではなく，それに縛られることなく，偶然のチャンスも活かせるようにしておくことが大事なのである。むしろ計画を立てているからこそ，よい偶然にも恵まれる。計画を立てるが，それに縛られることなく，計画通りにいかなくても楽観的に考えて，楽しみながらキャリアをつくっていく。それがクランボルツの考えるキャリアのあり方だ。皆さんも，自分のキャリアを楽しみながら作り上げてほしい。

【引用・参考文献】

金井壽宏（2002）．『働くひとのためのキャリア・デザイン』PHP研究所

Savickas, M. L. (2011). *Career counseling.* Washington, D.C.: American Psychological Association.（サビカス, M. L.／乙須敏紀［訳］／日本キャリア開発研究センター［監訳］(2015)．『サビカスキャリア・カウンセリング理論―「自己構成」によるライフデザインアプローチ』福村出版）

Krumboltz, J. D. & Levin, A. S. (2010). *Luck is no accident : Making the most of happenstance in your life and career.* Atascadero, CA: Impact Publishers.（クランボルツ, J. D.・レヴィン, A. S.／花田光世・大木紀子・宮地夕紀子［訳］(2005)．『その幸運は偶然ではないんです！―夢の仕事をつかむ心の練習問題』ダイヤモンド社）

クランボルツ, J. D.(2005)．「クランボルツ氏来日講演資料」慶応義塾大学SFC研究所キャリア・リソース・ラボラトリ

Super, D. E. (1957). *The psychology of careers: An introduction to vocational development.* New York: Harper.（スーパー, D. E.／日本職業指導学会［訳］(1960)．『職業生活の心理学―職業経歴と職業的発達』誠信書房）

まとめの課題

①基本課題

1）キャリアをデザインする意義は何でしょうか。

2）キャリアをデザインするための3つのステップとは何でしょうか。

3）自己理解のための3つの問いとは何でしょうか。

4）環境理解はなぜ必要なのでしょうか。

5）将来を考えるうえで必要な2つの統合とは何でしょうか。

②応用課題

これまでの人生を振り返って、自己理解のための以下の問いに答えてください。
それぞれに解答する際には、「なぜ、そう思うのか」もあわせて考えてみましょう。

1）興味・欲求・願望に関する問い
● 好きな授業・科目は何でしょうか。

───────────────────────────────

● これまでどんなことが趣味だったでしょうか。

───────────────────────────────

● 子供の頃なりたかった職業は何でしょうか。

───────────────────────────────

● 何の制約もなければ，やってみたい職業は何でしょうか。

───────────────────────────────

2）能力・才能に関する問い
● 得意な授業・科目は何でしょうか。

───────────────────────────────

● 人から褒められる時よく言われることはどんなことでしょうか。

───────────────────────────────
───────────────────────────────
───────────────────────────────
───────────────────────────────

● あなたを良く知る人（家族・友人・先生など）は，あなたの強みはどこにあると言うでしょう（実際に聞いてみてもよい）。

───────────────────────────────
───────────────────────────────
───────────────────────────────
───────────────────────────────
───────────────────────────────

●自分自身で最も強みだと思う特徴は何でしょうか。

3）価値観に関する問い
●いままでに最も達成感を感じたできごとは何でしょうか。

●お金を十分にもらえたとしても，やりたくないのはどんな仕事でしょうか。

●あなたにとって「働く」ことは，どのような意味をもっているでしょうか。

●仕事以外で，あなたにとって最も大切なのは何でしょうか。

12 アカデミック・スキルズと教育評価

石上浩美

12-01 大学教育と評価

　近年，大学教育における教育的価値は，「教員が何を教えるのか」から，「学生が何をどの程度学んだのか」へと転換している。これらの変化は，中央教育審議会答申「学士課程教育の構築に向けて」(中央教育審議会, 2008) および「新たな未来を築くための大学教育の質的転換に向けて―生涯学び続け，主体的に考える力を育成する大学へ」(中央教育審議会, 2012) をふまえたものである。その結果，大学教育には「学生の学びの質を保証する」ことが，これまで以上に強く求められるようになった。

　その一方で，認証評価制度（大学の目標・目的を基に教育研究等の状況について自己点検と評価結果を公表し教育内容の改善を行うという，大学教育の質保証の仕組み；学校教育法第109条-2）の普及・定着に伴い，各大学における教授方法もさまざまな工夫がなされるようになった。この流れを受けて，いわゆる大学教育においても，学生の学びの質を保証するために，いわゆるアクティブ・ラーニング的な教授手法が取り入れられ，それをどのように評価するのかといった議論がなされるようになってきた。

　そこで，本章では，教育評価に関する基礎的な理論を整理し，その上で，大学での学びをどのように評価することが望ましいのか考えてみたい。

12-02 教育評価の分類

　教育評価とは，「教育活動と直接的あるいは間接的に関連した各種の実態把握と価値判断のすべてが含まれる」(梶田, 2002：1) ものである。言い換えるならば，「教授－学習」過程における何らかの測定 (Measurement) とその結果について，あらかじめ定められた規準に基づいて成果や価値を判断する (evaluation/assessment) ことである。教育評価は，その目

的や対象とするものによって，以下のように分類できる。

❶学習評価

　学習評価は，学習状況・過程やその結果を対象とする。小・中・高等学校における指導要録や通知簿，大学における評定や，それを基にしたGPA（Grade Point Average；表12-1）などで示される。例えば，20単位履修申告し，Aが10単位，Bが6単位，Cが2単位，Dが2単位，合計20単位を習得した場合，GPAは表12-2のように計算できる。大学によっては，GPAによって卒業要件水準を定めている場合もあり，大学生の学習評価として近年普及しつつある。だが，学習評価のねらいは，学習成果（結果）を示すだけではなく，PDCA（Plan-Do-Check-Action）サイクルに基づいて，指導者側の教授方法やその過程を改善するところにある。この点に留意して運用することが望ましい。

表12-1　GPAによる成績評価基準

グレード		評価レベル	評定値
A	Excellent	基準をはるかに超えて優秀である	4
B	Good	基準を超えて優秀である	3
C	Satisfactory	望ましい基準に到達している	2
D	Pass	単位認定最低基準である	1
F	Fail	単位認知最低基準を大きく下回る	0

表12-2　GPAの計算の仕方

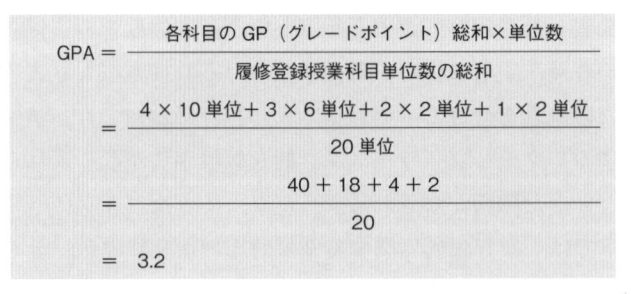

$$\text{GPA} = \frac{\text{各科目のGP（グレードポイント）総和×単位数}}{\text{履修登録授業科目単位数の総和}}$$

$$= \frac{4 \times 10\text{単位}+3 \times 6\text{単位}+2 \times 2\text{単位}+1 \times 2\text{単位}}{20\text{単位}}$$

$$= \frac{40+18+4+2}{20}$$

$$= 3.2$$

❷授業評価

　授業評価は，大学で開講している授業内容や方法を対象とする。一般的には質問紙など学生が回答したデータを分析し，授業担当者の教授方略や学生理解を促すといったねらいがある。その結果は大学全体での授業改善に取り組む活動（FD：Faculty Development）の基礎資料となる。
　FDとは，「教員が授業内容・方法を改善し向上させるための組織的な取組の総称」であり，「教員相互の授業参観の実施，授業方法についての研究会の開催，新任教員のための研修会の

開催など」を実施している（中央教育審議会, 2005）。

❸教員評価・大学評価

大学の教育目的・目標，教育研究組織，施設・設備，財務状況，学生の受け入れ状況，教育内容と方法，教育成果とその公開状況，教員の服務・勤務状況などを対象とする。教員評価の場合，評価者は所属長や任命権者であり，評価基準はそれぞれの目的に応じて独自に設定されている。

一方，大学評価は，独立行政法人大学評価・学位授与機構などの公的機関や第三者機関が行う評価であり，それぞれの機関・機構による統一基準を用いる。

12-03　評価方法による分類

❶集団準拠評価

集団準拠評価とは，集団内における相対的な個人の位置づけを示す評価方法，いわゆる相対評価である。集団の成績が正規分布になることを前提に，パーセンタイルや偏差値によって順位が決まり，評定値として示されることが多い。

集団の規模や構成・内容に依存するため，統制された条件と尺度水準であれば，誰が評価してもほぼ同じ結果が得られるという長所がある。その一方で，個人の努力や縦断的な変動が反映されにくいという欠点もある。また，教育現場における実践は，必ずしも正規性を担保しているわけではないので，実態とそぐわない面もある。

❷目標準拠評価

目標準拠評価とは，あらかじめ定められた集団の教育目標や習熟目標に対して，個人がどれだけ到達できたのか，その質的な度合いを示す評価方法，いわゆる絶対評価である。集団の規模や構成・内容に左右されず，個人内差を縦断的に示すことができる。

その一方で，誰もが納得できる目標の設定や，評価の妥当性・客観性を担保するのが難しい面もある。これらを改善するためには，1）事前に明確な教育目標や評価観点・項目（規準）を示し，2）各目標や評価項目についての到達水準（基準）を示す必要がある。

❸個人内評価

個人内評価とは，一人ひとりの学習者それぞれの特性や能力に応じて設定された教育目標や習熟目標を基に，個人がその目標に対してどれだけ到達できたのか，その能力や到達度合いを示す評価方法である。また，個人内評価には，縦断的評価と横断的評価の2つの方法がある。縦断的評価とは，過去の何らかの結果（成績）を基準に，現在に至るまでの変化や変動

幅を示すものである。一方、横断的評価とは、例えば、Aさんの知識レベルは5であり、行動レベルは3である、というように、個人の観点や項目間における違いに着目し、個人の特徴を示すものである。

12-04　評価者による分類

❶他者評価

　他者評価とは、教員が小・中・高・大学生の学力・学習状況について行う評価であり、教員評価ともいう。その代表的なものは、学期末の成績評価である。だが、評価の本来の意義は、結果のみを示すものではなく、それを基に改善し、次の学習に反映させることである。たとえば、日常の教育活動場面において、教員のちょっとした言葉がけによって、学生の意欲が向上したり、学習方略そのものが変わったりすることもあるが、これも広い意味では他者評価によるピグマリオン効果である。

　他者評価が学習者に与える影響は非常に大きい。場合によっては、学習者の人生を左右することすらあり得る。学力・学習状況のみならず、人が人を正当に評価するためには、明確な教育目標とその規準が示されていること、また、評価基準の妥当性、何よりも、学習者に対する教育的愛情と責任感が必要である。

❷自己評価

　自己評価とは、学習者自身が、自分で設定した計画とその結果、学習状況や方略、成果について、何らかの縦断的な記録（例えばポートフォリオ）などに基づいて評価することである。これは、第7章でも述べた、メタ認知の働きによるものである。

　メタ認知とは、「自分は何が得意なのか（苦手なのか）」「どうすれば自分の考えをうまく他の人に伝えることができるのか」といったことで自問自答すること、つまり、自分の認知について、より高次なレベルから捉え直し、自己調整を行うための心的な働きである（三宮，2008：7-11）。人間の行動は、外部から取り入れた刺激や情報を取り入れ、それを自分の中で整理・統合することによって成り立っている。このような一連の活動を、メタ認知的な活動と呼ぶ。そして、このような活動を繰り返すうちに、メタ認知的な知識が蓄積され、学習行動が自己制御できるようになる。このような思考サイクルに基づいた、能動的な学習者の育成を目指して提案されているのが、後述するアクティブ・ラーニングである。

❸相互評価

　相互評価とは、学習者同士が、一定の共通基準を用いて、互いに評価することである。ここで共通基準が必要となる。それは、単なる好き嫌いや人気といった、主観的な感情や価値

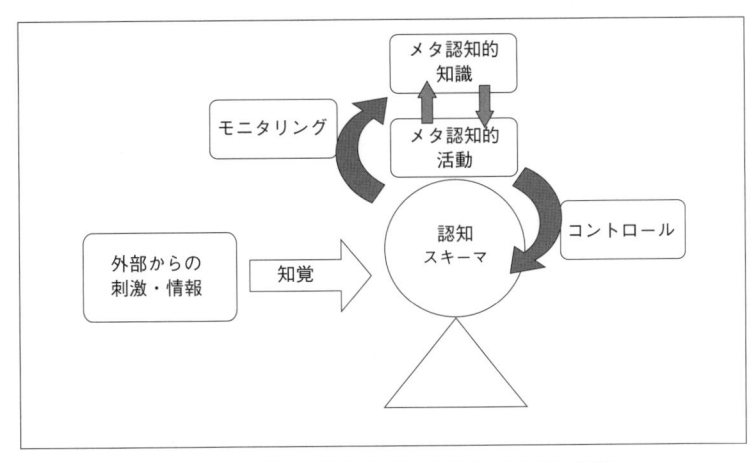

図 12-1　メタ認知の働き（三宮（2008）を参考に作成）

観による，評価のゆがみを避けるためである。その意味では，相互評価は，対等な関係による学生同士が，互いに「評価する - 評価される」関係である。

12-05　評価時期による分類

　ブルーム（B. S. Bloom）は，指導（学習）前段階，指導（学習）継続中，指導（学習）結果の3つの時期によって，評価の目的・意義を表12-3のように分類している。その中で，最も重視しているのは，形成的評価である。それは，評価の意義そのものが，結果（総括的評価）だけではなく，「教授 - 学習」過程そのものにあると考えたためである。このような評価観に基づいて，小・中・高等学校においては，指導要録に見直しが行われ，大学においても，新しい評価方法を模索する動きがある。

表 12-3　評価の時期による分類（梶田（2002）を基に作成）

診断的評価	単元指導・学習前に学習の既習レベル（レディネス）チェック，アセスメントの一つとして行い，指導計画を作成するために行う：クラス分けテストなど
形成的評価	単元指導・学習継続中に学習内容の到達度の確認，フィードバック，指導計画・内容の改善のために，定期的に行う漢字・計算などの小テストや口頭チェック，ノートチェックなど
総括的評価	単元指導・学習完了後の到達度，成績の決定と記録・通知，指導効果の検証のために行う期末テスト，指導要録や内申書など

12-06　新しい評価方法

　教育再生実行会議「これからの大学教育等の在り方について（第三次提言）」（教育再生実行会議, 2013）によると，これからの大学には，課題発見・探求能力，実行力といった「社会人基礎力」や「基礎的・汎用的能力」などの社会人として必要な能力を有する人材を育成することが求められている。また，学生の能動的な活動を取り入れた授業や学習方略（アクティブラーニング），双方向の授業展開などによって教育方法の質的転換を図ることが望ましいという。ただし，それらをどのように評価するべきであるか，といった議論は，まだ十分にはなされていない。そこで，以下ではいくつかの新しい評価方法事例を基に，これからの大学における学びを，どのように評価することができるのか，ということを考えてみたい。

❶パフォーマンス評価

　知識や技能の習得度合いだけではなく，知識そのものをどのように作り出すことができるのか，すなわち，メタ認知的知識を育むために必要な教育活動とその評価方法を考えるならば，従来からある評価方法の枠組みだけでは限界がある。そこで近年注目されているのが，パフォーマンス評価（performance assessment）である。パフォーマンス評価とは，「ある特定の文脈のもとで，さまざまな知識や技能などを用いながら行われる，学習者自身の作品や実演（パフォーマンス）を直接に評価する方法」（松下, 2012：75-114）である。これまでにも大学教育においては，演習や実習，実技系科目における，さまざまなパフォーマンスについて，何らかの評価が行われている。ただし，それらには，統一された尺度水準や評価基準があるわけではなく，主に評価者の主観的な価値概念や規準によって行われていると推察する。

　大学における評価は，大まかには，間接評価（学習方略や認識などについて，質問紙などで回答する学生アンケートなど）と，直接評価（日常の教育実践の中で行われている小テスト，レポート，作品などの成績評価）にわけることができる。

　一方，評価の背景にある専門性の観点からは，心理測定学的パラダイム（心理現象の数値化）を基盤とした評価と，それでは測れない要素を質的に補完するオルタナティヴ・アセスメントによるパラダイム（構成主義，状況論，解釈学など）を基盤とした評価がある。これらを基に，松下（2012）は，大学における学習評価を，図12-2のように分類している。

　パフォーマンス評価，ポートフォリオ評価（レポートや作品などの成果物をファイリングし，それらの縦断的な変容を評価する方法）は，ともにオルタナティブ・アセスメント・パラダイムによる直接評価である。パフォーマンス評価の特徴は，パフォーマンス課題（performance task）に基づいて多次元的・多段階的な分析を行い，さらに複数の評価者の間で評価の一貫性（信頼性）を担保することによって，直接評価を行う。その指標（基準）と

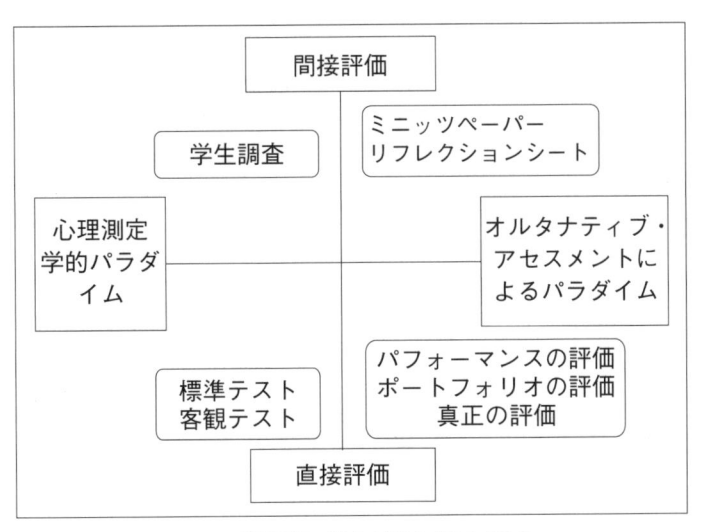

図12-2 学習評価に関する構図（松下, 2012）

して，近年注目されているのがルーブリック（rubric）である。

❷ルーブリックとは

　ルーブリックとは，「パフォーマンス（作品や実演）の質を評価するために用いられる評価基準」（松下，2012：82-83）の一つであり，近年大学における教育評価においても，注目されている指標である。

　ルーブリックを用いた評価（ルーブリック評価）は，到達目標（規準）とその達成度合い（基準）を文章化したマトリックスで示される配点表を基に行う。同一の授業について，複数の教員が評価を行った場合であっても，一定の客観性が保たれるため，課題レポートや作品・実験の観察，面接，プレゼンテーション，グループ活動の自己評価・相互評価，複数の教員で担当する科目の評価などに適している。

　ルーブリックを作成するためには，まず評価項目（行動特性）を整理し，それぞれの項目について，大学の教育目標や授業目標の到達水準に合致したものであるのかどうかを検討しながら，できれば複数のメンバーで文章化し，完成させることが望ましい。ここでは参考までに，第7章で述べた，アカデミック・ライティングについてのルーブリック評価サンプルを表12-4に示す。このサンプルのどこを改善すれば，より妥当性が高く実用性のある独自ルーブリックとなるのか，さらに考えてほしい。

表12-4　アカデミック・ライティングのルーブリック評価サンプル（著者作成）

	評価項目 （目標・基準）	評価レベル（基準)				
		S（GP=4） 目標以上に十分到達している	A（GP=3） 目標に十分到達している	B（GP=2） 目標に到達している	C（GP=1） 目標の最低基準には到達している	D（GP=0） 目標に到達していない
形式面	文末表記・言葉づかい	全体的に論文・レポートとして最適な表記・表現で統一されている	論文・レポートとして適切な表記・表現で統一されている	論文・レポートとして妥当な表記・表現で統一されている	一部に論文・レポートとして妥当ではない表記・表現がある	論文・レポートに不適切な表記・表現が多数ある
	一文の長さ	全体的に一文の長さが最適である	一文の長さが適切である	一文の長さが妥当である	一文の長さが妥当ではない	一文の長さが不適切である
	日本語文法・表現	全体的に日本語として最適な文法・表現で統一されている	日本語として適切な文法・表現で統一されている	日本語として妥当な文法・表現で統一されている	一部に日本語として妥当ではない文法・表現がある	日本語として不適切な表現が多数ある
	字数・書式・レイアウト	全体的に指定された字数・書式・レイアウトが順守され最適である	指定された字数・書式・レイアウトが適切である	指定された字数・書式・レイアウトである	一部に指定された字数・書式・レイアウトが妥当ではない	指定された字数・書式・レイアウトが順守されず不適切である
	引用・注	全ての引用・注の表記が最適である	引用・注の表記が適切である	引用・注の表記が妥当である	一部の引用・注の表記が妥当ではない	引用・注の表記が不適切である
	ページ番号・図・表	全てのページ・図・表に通し番号と図・表の最適な説明がある	全てのページ・図・表に通し番号と図・表の適切な説明がある	全てのページ・図・表に通し番号と図・表の妥当な説明がある	ページ・図・表に通し番号はあるものの一部の図・表の説明に瑕疵・欠落がある	ページ・図・表に通し番号はあるものの一部の図・表の説明が不適切である
内容面	アウトライン	全体のアウトラインが論理的に構成されており最適である	アウトラインが論理的に構成されており適切である	アウトラインが論理的に構成されており妥当である	アウトラインの一部が論理的に構成されておらず妥当ではない	アウトラインが構成されていない
	問いと結論の設定	論理的に最適な問いと仮説および結論が設定されている	論理的に適切な問いと仮説および結論が設定されている	論理的に適切な問いと結論が設定されている	問いと結論が設定されているが妥当ではない	問いと結論が設定されていない
	論理的な根拠	論理の根拠となる最適な先行研究が示されている	論理の根拠となる適切な先行研究が示されている	論理の根拠となる妥当な先行研究が示されている	論理の根拠となる先行研究が示されているが妥当ではない	論理の根拠となる先行研究が示されていない
	論理の一貫性	全体を通して論理が終始一貫しており独創性・発展性がある	全体を通して論理が一貫しており独創性がある	全体を通して論理が一貫している	全体を通した論理の一貫性に欠けている	全体を通した論理の一貫性がない

【引用・参考文献】

梶田叡一（2002）.『教育評価 第 2 版補訂版』有斐閣叢書, p.1

三宮真知子［編］（2008）.『メタ認知―学習力を支える高次認知機能』北大路書房

中央教育審議会（2005）.「我が国の高等教育の将来像（答申）」〈http://www.mext.go.jp/b_menu/shingi/chukyo/chukyo0/toushin/05013101.htm（閲覧日：2016 年 1 月 12 日）〉

中央教育審議会（2008）.「学士課程教育の構築に向けて（審議のまとめ）」〈http://www.mext.go.jp/component/b_menu/shingi/toushin/__icsFiles/afieldfile/2013/05/13/1212958_001.pdf（閲覧日：2016 年 1 月 11 日）〉

教育再生実行会議（2013）.「これからの大学教育等の在り方について（第三次提言）」〈http://www.mext.go.jp/b_menu/shingi/chukyo/chukyo0/gijiroku/attach/1340416.htm（閲覧日：2016 年 1 月 12 日）〉

松下佳代（2012）.「パフォーマンス評価による学習の質の評価―学習評価の構図の分析にもとづいて」『京都大学高等教育研究』**18**, 75-114.

まとめの課題

①基本課題

1) 評価とは，どのようなものなのか，まとめてみましょう。

2) GPAとは何か，まとめてみましょう。

3) ルーブリックとは何か，まとめてみましょう。

②応用課題

1) ブルームは，教育評価の時期について3つに分類し，とりわけは形成的評価を重視しています。それはなぜか，考えてみましょう。

2) あなたが授業を行う立場であれば，アクティブ・ラーニングを用いてどのような授業ができそうか，教員になったつもりで考えてみましょう。

3) これからの大学教育におけるよりよい評価とはどのようなものなのか，考えてみましょう。

コラム⑥　大学で学ぶ歴史学

山口正晃

　「歴史」というと，わりと好き嫌いのはっきり分かれる科目かもしれません。嫌いな人の多くは，年号や人名などを「丸暗記」させられたことから拒否感を抱くようになったのではないでしょうか。「何世紀ごろにどこそこで何が起きた」「何年に誰が何をした」——こんなことばかり覚えても，面白くないのは当然です。

　しかし，大学で学ぶ歴史学はこれとはちょっと違います。実際，「今まで歴史は嫌いだったけど，大学での授業は意外と面白かった」といった学生の声はよく聞かれます。では，大学の授業は高校までとくらべて何が違うのでしょうか？もちろん答えは一つではなく，授業の内容や方法によってさまざまな要素が考えられるのですが，ここではその中から一つを紹介して，皆さんが大学で歴史学を学ぶ参考になれば，と思います。

　このコラムのタイトルが「歴史」ではなく「歴史学」であることにお気づきでしょうか？当たり前ですが，私たちは直接この目で過去を見ることはできません。にもかかわらず，私たちは過去に起きた多くの出来事（＝歴史）を知っています。それは，さまざまな記録や資料が残されているからです。ただし，資料があれば自動的に何かがわかるというわけでもありません。例えば，ある歴史書に書かれている事柄が，必ずしも正しいとは限らない——意図的なウソ，意図しない誤解が含まれていることはよくあります。それらを検証しなければなりません。また，何かが発掘されたとして，その場所はどういった場所だったのか，出土した物はどの時代のどういった品物なのか，調べなければなりません。こうした事柄について，一つひとつ調査・分析・検証するのが歴史学，そして歴史学の研究によって復元されるのが歴史，なのです。

　中学や高校の教科書に書かれているのは歴史，つまり，歴史学者の研究の「成果」です。これに対して，大学では教員が自身の研究に即して授業をすることが多く，その場合，研究の「過程」がクローズアップされることになります。そこで求められるのは暗記力よりむしろ，思考力なのです。「なぜ，この史料に書いてあることと発掘調査は食い違うのか？」例えば，こういったことを考えるわけです。大学の歴史の授業が「意外と楽しい」理由の一つは，こんなところにあるのではないでしょうか。

　しかも，このような思考力は，皆さんの意識次第で，さまざまに応用できる可能性を秘めています。例えばネットの情報に「踊らされている」人々をよく見かけますが，史料を批判的に分析することは，インターネットの情報を批判的にみることにもつながるでしょう。歴史を学ぶのは，「歴史を鑑(かがみ)としてその反省を現代に活かすため」とよく言われます。これはもちろん大事なことです。しかし，歴史学で学ぶのは，決して過去のことだけではないのです。

あとがき

　本書を読み終えて，皆さんは何を感じ，何を想っておられるでしょうか。

　現在，日本には782校の大学，359校の短期大学があり，約286万9千人の大学生，約13万8千人の短期大学生が学んでいます。これらの大学・短期大学には，文系・理系・芸術系などのさまざまな学部・学科があり，伝統的なものから近年新たに設けられたものまで，これまたさまざまなものがあります。

　これからそれらの大学のどこかで学ぼうとしているか，あるいは学び始めた皆さんにとって，本書の示すところは，非常に貴重なアドバイスになったものと思います。

　第1章で示されているように，大学とは，昔も今も「学問の府」として存在しています。その中身はずいぶんと変化してきていますが，「学問」をする場であることに，変わりはありません。

　皆さんは，毎日高等学校では聞いたこともない専門的な用語や，読んだこともない専門書の出現，あるいはまた経験のないレポート提出などの課題に，たいへんとまどっておられることと思います。しかし，短期大学での1年次，大学での1・2年次は，「学問」をするために必要な基礎的な力を身につける重要な時期です。スポーツをするときに，最初に基礎体力をつけるのと同様に，本書に示されている「読む」「書く」「聞く」「話す」ことをしっかりと身につけ，短期大学での2年次，大学での3・4年次の専門的な学びに備えていただきたいと思います。

　3・4年次には，それぞれの分野のより深い専門的講義や実習が行われます。皆さんはそこで，自らの研究テーマを決め，研究し，卒業論文や卒業制作にまとめることとなります。その際に学ぶ専門的知識・技術は，一見実社会では役に立たないように思えます。

　大学を卒業した先輩たちに話を聴けば，大学での専門的な知識や技術が，社会に出て直接役に立ったという人は，それほど多くいないと思います。

　もちろん，大学で教員免許を取得して教員になった人や博物館学芸員の資格を取得して博物館学芸員になった人は，大学での学びが直接役に立ったと言うかもしれません。あるいは，大学院に進んで，その分野の大学教員になったり，民間の研究所で研究員として職を得た，という人もいるかもしれません。そのような人たちには，大学での学びは直接役に立っているでしょう。

　しかし，大学で学んだ卒業生の多くは，一般企業に就職しています。そこでは，必ずしも大学で学んだ学問的知識や技術が直接役に立っているわけではあ

りません。

　しかしながら、大学での学びが無駄であったとおっしゃる卒業生は、ほとんどおられないのではないでしょうか。私自身、大学での学びは自分の人生に大いに役立ったと思っています。私の場合は、大学院に進んで、大学教員になったのですから、大学での学びを直接役立てた数少ない人間の一人ではあります。しかし、もし、大学教員になっていなかったとしても、大学での学びは、たいへん役に立つものでした。

　私にとって、大学での学びは、「学問」の何たるかを理解するとともに「ものの見方、考え方を学び、それを他者に伝えることを鍛える」ものでした。どのような学問であれ、自らの問い（課題）について、仮説を立て、信頼できるデータを集め、分析し、実験し、自分なりの結論を導き出し、それを公表します。また、その過程で、創造力や論理的思考力、計画力、プレゼンテーション力などが鍛えられます。これらの要素は、社会のどこにいても必要となるものですし、またいくつになっても必要とされるものです。そのようなことこそ、社会に出た時に役立つ財産でした。

　あわせて、在学中に卒業後の自分についても、なりたい自分、やりたい仕事を少しずつ考え、見つけていってほしいと思います。その意義については、すでに本文に十分に述べられていますが、同じ学部・学科にいる学友も卒業後の進路は誰一人同じにはなりません。それぞれが、自らの進む道を自分なりに考え、選択していく必要に迫られます。その際に少しでもなりたい自分、やりたい仕事に近づけるための「ものの見方、考え方」を身につけ、少しでも納得のいく進路を歩めるように心がけていただきたいと思います。

　私が自分の進む道を心に決めたのも大学時代でした。しかし、実際に思い描いた道で定職に就いたのは、30歳のときでした。それまでは、不安定な立場で、夢を追い続けていました。さらにその後も、さまざまな人生の転機を経験しました。そのたびに自分を見つめ、なりたい自分、やりたい仕事を見つめ直し、進路の選択をしてきました。振り返れば、その原点は、大学時代にありました。

　本書を通して、大学での学びに必要な事柄を理解し、自らの学びたい分野を見つけ、「学問研究」を通して、さまざまな知識・技術・能力を身につけるとともに、将来の自分の歩む道を見出せるよう「キャリア・プランニング」していただきたいと思います。そして、充実した大学生活を送っていただくよう、願っています。

川口宏海

索　引

A-Z
ac.jp　*38*
APA（米国心理学会）スタイル　*49*
CiNii Books　*47*
FD　*130*
GPA　*130*
OPAC　*45*
PBL（Project Based Learning）　*82*
PBL（Problem Based Learning）　*60*, *82*
PDCA　*130*
Ph.D.　*38*
SNS　*65*, *97*
T型人材　*115*

ア行
アウトライン　*67*, *68*, *104*
アウトライン構想　*68*
アウトラインメモ　*69*
アカデミック・ライティング　*65*, *66*
アカデミック・ライティングスキル　*70*
アクティブ・ラーニング　*77*, *78*
アポイントメント　*93*

生きた情報　*99*
生きる力　*79*
意見　*71*
維持期　*121*
イノベーション　*115*
インタビュアー　*91*
インタビュイー　*91*
インタビュー　*91*
インタビュー記録　*96*
インタビューでやってはいけないこと　*99*
インタビューでやるべきこと　*99*
インタビューのコツ　*95*
引用　*48*, *50*, *71*

ウェブ　*43*, *44*

横断的評価　*132*
オープン・クエスチョン　*94*
オープンキャンパス　*9*

カ行
ガイダンス　*11*
学位　*38*
学士号　*38*
学修　*78*
学習　*78*
学習指導要領　*25*
学習評価　*130*
学術雑誌　*43*, *44*

学士力　*80*
学生　*21*
学問的な問い　*68*
確立期　*121*
下降期（解放期）　*121*
仮説　*56*, *67*
仮説検証　*57*
仮説の棄却　*57*
課題　*65*
価値観　*86*
科目選択　*23*
カリキュラム　*6*
考え続ける　*37*
環境理解　*122*
間接評価　*134*

基礎知識　*10*
気づく　*86*
『君たちはどう生きるか』　*76*
客観的キャリア　*118*
キャリア　*6*, *104*, *117*, *118*, *119*
キャリア・デザイン　*6*, *118*, *119*, *120*
キャリア・デザインの例　*123*
キャリア・ビジョン　*118*
キャリア・プランニング　*6*, *103*
キャリアの発達課題　*121*
キャリアの発達段階　*121*
教員評価　*129*, *131*
業界雑誌　*44*
教科書　*26*, *27*, *35*
教授　*2*
緊張　*107*

具体例　*29*
クラブ活動　*13*
クリティカル・シンキング　*40*
クリティカル・リーディング　*33*, *36*
グループ・ワーク　*57*
クローズド・クエスチョン　*94*

形成的評価　*133*
敬体　*70*
研究　*36*
研究課題　*58*
研究テーマ　*58*
言語情報　*108*
検索ツール　*45*

高校と大学の学習環境　*25*
高校と大学の学びのシステム　*26*
公式ウェブサイト　*44*
校正・推敲のためのチェックシート　*72*
購入希望　*48*

国語力　*4*
個人情報　*97*
個人内評価　*131*
コピペ　*71*
コメント　*109*
コメントペーパー　*81*
コンセプト　*59*

サ行
サークル　*13*
サービス　*48*
ささえる　*85*
雑誌　*44*
参考文献　*50*
『三四郎』　*1*

資格取得　*13*
視覚情報　*108*
ジグソー　*83*
自己評価　*132*
自己理解　*86*, *122*
事実　*70*
質問　*109*
質問項目　*94*
『渋江抽斎』　*7*
自分ルール　*29*
社会人基礎力　*80*, *134*
修士号　*38*
集団準拠評価　*131*
縦断的評価　*131*
授業評価　*130*
奨学金　*13*
常体　*70*
章立て　*68*
情報　*43*
情報システム　*12*
情報収集　*57*
抄録　*72*
職業　*42*
職業生活　*119*
シラバス　*20*
シンク・ペア・シェア　*83*
新書　*44*
人生　*119*
新聞　*44*
新聞記事データベース　*47*

推敲　*71*
スライドの構成　*105*

省察　*110*
成長期　*121*
生徒　*21*
先行研究　*48*
センテンス　*71*

143

相互評価 *132*
卒業要件 *23*

タ行
題意 *67*
大学 *1, 2*
大学進学率 *2*
大学での学び *3*
大学における学習評価 *134*
大学の授業 *12*
大学の授業時間 *20*
大学の大衆化 *2, 3*
大学評価 *131*
対話 *112*
他者評価 *132*
単位 *23*
単語 *70*
探索期 *121*
段落 *70*

聴覚情報 *108*
直接評価 *134*

つながる *85*

データベース *47*
テーマ *65*
適応 *20*
哲学 *38*
電子ジャーナル *45*
電子書籍 *45*

問い *54, 55*
統合 *122*
読書 *5*
読書ノート *5*
図書 *44*
図書館 *47*
図書館司書 *47*

ナ行
入学前教育 *10*
認証評価制度 *129*

ノート *27*
ノートテイキング *22, 27*
ノートの仕上げ *29*

ハ行
配布資料 *27*
博士号 *38*
白書 *44*
バズ・グループ *83*
パフォーマンス評価 *134*
パラグラフ *71*
反転授業 *82*
反応 *110*

ピア・サポート *84*
百科事典 *44*
評価の時期による分類 *133*
剽窃 *48, 71*

ファシリテーション *82*
フィロソフィー *38*
ふせん *30*
ブラウジング *45*
プランニング *6*
ブレイン・ストーミング *58*
プレゼンテーション *72, 103*
文 *70*
文献 *67*
文章 *70*
文節 *70*
文房具 *30*

傍観者効果 *109*
ポートフォリオ評価 *134*
ボールペン *30*

マ行
マーカー *30*

3つのV *108*

無知の知 *37*

メール *93*
メールアドレス *12*
メタ認知 *68, 72, 132*

目次 *68*
目標準拠評価 *131*

ヤ行
『安井夫人』 *7*

友人関係 *14*

ゆとり教育 *80*

ラ行
ラウンド・ロビン *83*

履修 *23*
履修登録 *12, 23*
履修要項 *21, 22, 24*
リハーサル *107*

ルーズリーフ *30*
ルーブリック *135*
ルーブリック評価 *135*

歴史学 *140*
レポート *66*
レポート課題 *66*

論文 *66*

■ 執筆者紹介

柏木隆雄（かしわぎ たかお）
大手前大学学長
第1章

池田曜子（いけだ ようこ）
流通科学大学人間社会学部准教授
第2章

川島正章（かわしま まさあき）
大手前大学総合文化学部教授
コラム1

伊藤正隆（いとう まさたか）
流通科学大学商学部講師
第3章

中島孝子（なかしま たかこ）
流通科学大学経済学部准教授
第3章

山田創平（やまだ そうへい）
京都精華大学人文学部准教授
第4章

鈴木基伸（すずき もとのぶ）
大手前大学総合文化学部講師
コラム2

横谷弘美（よこたに ひろみ）
大手前大学総合文化学部講師
第5章

高橋検一（たかはし けんいち）
丸善図書館サービス事業部
第5章

中島由佳（なかじま ゆか）
大手前大学現代社会学部准教授
第6章・第9章・第10章

森元伸枝（もりもと のぶえ）
大手前大学総合文化学部准教授
コラム3

石上浩美（いしがみ ひろみ）
大手前大学現代社会学部准教授
第7章・第12章

平川大作（ひらかわ だいさく）
大手前大学メディア・芸術学部教授
コラム4

谷村 要（たにむら かなめ）
大手前大学メディア・芸術学部准教授
第8章

石毛 弓（いしげ ゆみ）
大手前大学現代社会学部准教授
第8章

瀬口昌生（せぐち まさき）
大手前大学メディア・芸術学部准講師
第10章

玉田浩之（たまだ ひろゆき）
大手前大学メディア・芸術学部准教授
コラム5

坂本理郎（さかもと まさお）
大手前大学現代社会学部准教授
第11章

山口正晃（やまぐち まさあき）
大手前大学総合文化学部准教授
コラム6

川口宏海（かわぐち ひろみ）
大手前大学副学長
おわりに

各執筆者の所属は2016年3月時点のものです。

■ 編著者紹介

石上浩美（いしがみひろみ）

大阪府生まれ。大阪教育大学大学院教育学研究科修了，奈良女子大学大学院人間文化研究科博士後期課程単位修得退学，教育学修士。大手前大学総合文化学部准教授。専門は教育心理学（学習・教育評価），教師教育学。学校や地域における体験活動集団をフィールドとしたアクション・リサーチ研究，保育士・教師のキャリア発達支援のための養成・採用・研修モデルの構築に関する調査・研究を行っている。

「教員の自己形成およびキャリア形成支援モデル」の開発に関する研究（学術研究助成基金助成金基盤研究C） https://kaken.nii.ac.jp/d/p/24530842.ja.html

最近は，音楽やアクティブ・ラーニングの手法を用いたワークショップ形式での学習活動集団づくり，地域コミュニティづくりにも取り組んでいる。

主な著作として『教育心理学―保育・学校現場をよりよくするために』（共編著，嵯峨野書院，2016年），『保育と表現』（共編著，嵯峨野書院，2015年），『保育と言葉』（共編著，嵯峨野書院，2013年），『保育と環境［改訂版］』（共著，嵯峨野書院，2014年），『保育実践に生かす障がい児の理解と支援』（共著，嵯峨野書院，2014年）など。

中島由佳（なかじま ゆか）

兵庫県神戸市生まれ。米国シカゴ大学大学院Humanities 修士課程修了（Master of Art, Humanities），お茶の水女子大学大学院人間文化研究科人間発達心理学専攻博士課程修了，博士（人文科学）。内閣府日本学術会議上席学術調査員。大手前大学現代社会学部准教授。

専門は発達心理学，教育心理学。大学受験から就職活動，入職後の初期適応までの青年期・成人期におけるキャリア発達とその過程におけるストレス対処について調査・研究。また，家庭動物への愛着が子どもの心理的発達に与える影響についての調査・研究も研究生活のもう一つの柱となっている。

主な著作として『大学受験および就職活動におけるコントロール方略の働き―目標遂行に向けてのストレスへの対処として』（風間書房，2012年），『よくわかる心理学』（共著，ミネルヴァ書房，2009年），『ひとと動物の絆の心理学』（ナカニシヤ出版，2015年）など。

編著者プロフィールの所属・業績は 2016 年 3 月時点のものです。

●本書を使用した指導マニュアル（pdf ファイル）ご希望の方はお名前ご所属明記の上 manual@nakanishiya.co.jp
へお問い合わせください。本書に対するご意見・ご感想および今後の改訂に際してのご希望・ご要望もお待ちしております。

キャリア・プランニング
大学初年次からのキャリアワークブック

| 2016 年 3 月 31 日 | 初版第 1 刷発行 | （定価はカヴァーに表示してあります） |
| 2024 年 3 月 31 日 | 初版第 3 刷発行 | |

編著者　石上浩美
　　　　中島由佳
発行者　中西　良
発行所　株式会社ナカニシヤ出版
〒606-8161　京都市左京区一乗寺木ノ本町 15 番地
　　　　　　　Telephone　　075-723-0111
　　　　　　　Facsimile　　075-723-0095
　　　Website　http://www.nakanishiya.co.jp/
　　　E-mail　iihon-ippai@nakanishiya.co.jp
　　　　　　　郵便振替　01030-0-13128

装幀＝白沢　正／装画・挿画＝和田　淳／印刷・製本＝ファインワークス
Copyright © 2016 by H. Ishigami & Y. Nakajima
Printed in Japan.
ISBN978-4-7795-1028-1

本書のコピー，スキャン，デジタル化等の無断複製は著作権法上の例外を除き禁じられています。本書を代行業者の第三者に依頼してスキャンやデジタル化することはたとえ個人や家庭内の利用であっても著作権法上認められていません。